Karl Kraus

Das deutsche Militärstrafverfahren

Seine Stellung im Staatswesen und im Rechtsgebiet

Karl Kraus

Das deutsche Militärstrafverfahren
Seine Stellung im Staatswesen und im Rechtsgebiet

ISBN/EAN: 9783744682756

Hergestellt in Europa, USA, Kanada, Australien, Japan

Cover: Foto ©ninafisch / pixelio.de

Weitere Bücher finden Sie auf **www.hansebooks.com**

Das deutsche Militärstrafverfahren.

Seine Stellung im Staatswesen und im Rechtsgebiet.

Inaugural-Dissertation

eingereicht

bei der Kgl. Universität Erlangen

zur Erlangung der Doktorwürde

von

dem k. Hauptmann a. D.

Karl Kraus.

München 1896.

Vorwort.

Das Motiv zur vorliegenden Studie ging aus dem Bestreben hervor, Einblick zu gewinnen in die Frage der Reform des deutschen Militärstrafverfahrens.

Dem Zwecke der Darstellung einer Gesamtübersicht sollte die gewaltige, vielfach von Lücken durchbrochene Materie, soweit zugänglich, dienstbar werden.

Es lag hiebei der Gedanke nahe, die Ursachen kennen zu lernen, welche einzeln oder vereint die Gestaltung des Kriegsprozesses zu beeinflussen, seine Entwicklung zu fördern oder zu hemmen vermögen.

Momente, von deren Bedeutung solche Einwirkung zu erwarten, sind: Staatswesen, allgemeiner Rechtszustand, Organisation und Gesetzgebung im Heere in ihrem jeweiligen Verhältnisse zum Strafverfahren.

Dieses sollte nur in seinen großen Bewegungen fest= gehalten werden ohne Rücksicht auf Schwankungen, welche das System selbst unberührt ließen.

In der That entrollt sich hier ein immer wechselndes Bild.

Hier zeigt das Strafverfahren in den Heeren vor= wiegend Willkür und Emanzipation von der Form; dort schließt es sich enge an die Grundprinzipien des gemeinen Prozesses an, folgt wichtigen Epochen in der Entwicklung des bürgerlichen Verfahrens; weiterhin verläßt es die Grenzen der allgemeinen Rechtsordnung und fügt sich dem Willen des Standes, dessen Interessen es dient.

Der Kriegsprozeß wahrte sich die Attribute der Oeffentlichkeit und Mündlichkeit bis zum 16. Jahrhundert; dieses bringt den Uebergang zum heimlichen und schriftlichen Verfahren.

Im 17. und 18. Jahrhundert bildet sich der deutsche Kriegsprozeß auf gemeinsamer Grundlage des Inquisitionsverfahrens weiter.

Letzteres erscheint im 19. Jahrhundert in höchst durchgebildeter Form im württembergischen und preußischen Militärstrafprozeß.

So blieb der Kriegsprozeß im allgemeinen im Anschluß an das gemeine Strafverfahren, welches sich in den beiden Grundformen des Anklage- und Inquisitionsprozesses entwickelt hatte.

Heute bestehen beide Systeme im Militärstrafverfahren nebeneinander.

Der Gang der Entwicklung führt von selbst zu besonderer Berücksichtigung des bayerischen Rechtes.

Besonderen Dank schulde und erstatte ich dem k. Univ.-Professor Herrn Dr. Allfeld in Erlangen für gütige Durchsicht dieser Arbeit.

September 1896.

Inhalt.

Einleitung.

Römisches Recht.

(Mommsen, Röm. Staatsrecht. 2. Aufl. Leipzig 1876. Abriß. Leipzig 1893. — v. Müller, Handbuch der Klaſſ. Altertumswiſſenſchaft. 4. Band. 2. Abt. München 1893. — Haenel, corpus legum. Leipzig 1857.)

Wohl liegt das römiſche Recht außerhalb der Grenzen dieſer Darſtellung; doch enthält ſein kriminelles Verfahren als Akkuſations-Prozeß gerade jene Einrichtungen, welche heute noch Gegenſtand der Erörterung ſind: Oeffentlichkeit, Mündlichkeit, freie Beweiswürdigung, Verteidigung, Rechtsmittel, Geſchworenengerichte, den außerordentlichen Gerichtsſtand des Heeres; in ſpäteren Perioden den Uebergang zum Inquiſitionsprozeſſe.

Bezüglich des Strafverfahrens im Heere ergeben ſich nur geringe Anhaltspunkte, welche zudem nur durch Vergleich mit dem Strafrecht gewonnen werden können und im allgemeinen das Reſultat der Willkür und der Formloſigkeit liefern.

Das Feldherrnrecht war Beſtandteil der höchſten Amtsgewalt; die Inhaber waren vom Volke gewählte Magiſtrate, welchen nach Ueberſchreitung der Stadtgrenze die Rolle des Feldherrn zufiel. (Mommſen I. S. 60; II. S. 560.)

Hiemit hatten ſie die Vollgewalt, das imperium militiae mit Heerbefehl, Jurisdiktion und Coercition.

Letztere geſtaltete ſich zu einem weit ausgedehnten Zwangs- und Strafrecht.

Die Erhaltung der Zucht war insbeſondere Pflicht der Tribunen; ſie übten infolge Mandierung ſowohl das Züchtigungsrecht, als die vermögensrechtliche Coercition des Feldherrn aus, während die kapitale Coercition nur letzterem zuſtand. (Mommſen I. S. 139.)

Weitere Strafen waren: Abzüge an Sold, Degradation, öffentliche Beſchimpfung, Ausſtoßung aus dem Stande; die körperliche Züchtigung, im städtischen Bereiche verboten, erhielt sich länger im Amtsgebiete militiae. (Mommsen, Abriß. S. 229.) Todesstrafe wurde namentlich für Desertion und Widersetzlichkeit erkannt.

Wegen Feigheit oder Ungehorsam ganzer Truppenteile trat Dezimierung nach dem Lose ein. (Müller IV. 2. Abt. S. 266.)

Der Feldherr erhielt zuweilen bei Anordnung von Strafen Weisungen vom Senat. (Mommsen, Abriß. S. 336.)

Es geschah dies nicht nur in Zuteilung unerwünschter Standquartiere, sondern geradezu durch Strafverfügungen, bestehend in Versetzung zu einem geringeren Truppenteil, Ausschluß von militärischen Befreiungen und Belohnungen; Nichteinrechnung des einzelnen Dienstjahres. (Mommsen III. 2. Abt. S. 1109.)

Die der Coercition zu Grunde liegende Tendenz der Unterdrückung des Ungehorsams, der weite Bereich dieses Begriffes, gab derselben einen Umfang, welcher der Judikation kaum mehr Raum ließ. (Mommsen I. S. 154.)

Allgemeine Normen für Auflegung der Zwangs= und Strafmittel bestanden nicht; die dem Privatrecht eigene Abgrenzung des Unrechts war dem Zwangs= und Strafrecht fremd; es war schrankenlos; selbst im Falle einer Cognitio existierte kein Kläger, keine formale Beweisführung und Strafbemessung, kein regelmäßiger Prozeß. Die Formlosigkeit ist allgemein im Feldherrnrecht der früheren Republik geblieben. (Mommsen I. S. 143. Abriß. S. 227, 230.)

Unter diesen Verhältnissen herrschte im Strafverfahren des Heeres ein weitgehendes Schalten mit den herkömmlichen Prozeßnormen. (Mommsen I. S. 154.)

Im Kriminalprozesse ohne Provokation war der Magistrat zur Beiziehung eines Consilium verpflichtet, welches im Kriege aus den Befehlshabern senatorischen und ritterlichen Ranges, aus den beim Heere befindlichen Legaten bestand. (Schiller, Kriegsaltert. S. 34 in Müller IV. 2. Abt.)

Provokation konnte gegen den Spruch des Feldherrn nicht eingelegt werden; doch wurde sein Strafrecht in der letzten Zeit der Republik insoweit beschränkt, daß der Verurteilte nach Rom geschickt und dort unter Annullierung des ersten Spruches ein neues Verfahren eingeleitet wurde, welches zur Provokation führen konnte. Diese war alsdann an die Prozeßnormen gebunden. (Mommsen, Abriß. S. 223, 230, 231, 263.)

Eine Reihe von Reaten, selbst solche, welche nach zivilen Normen nur eine Privatklage begründeten, wurden als öffentliche Vergehen dem dehnbaren Begriffe der Lagerzucht unterstellt; als Verletzung der Lagerordnung gehörten sie vor die castrensische Jurisdiktion; auch hier blieb dem Ermessen des Feldherrn ein weiter Spielraum. (Mommsen I. S. 120.)

Das summarische Verfahren mag öffentlich vor Lagergenossen stattgefunden haben.

Im konsularisch-senatorischen Kriegsstandrecht bei Notlage der Gemeinde, herbeigeführt durch Landesfeind oder Bürgerkrieg, erhielt der mit diktatorischer Gewalt ausgestattete Magistrat neben dem Rechte der Kriegsrüstung durch tumultus und der Kriegsführung auch jenes des Kriegsgerichtes mit Sistierung der ordentlichen Rechtspflege.

Im Kriegsgerichte fielen Coercition und Judikation zusammen; es konnte selbst die Todesstrafe verhängen. (Mommsen III. 2. Abt. S. 1245.)

Im Prinzipe kam das Feldherrnrecht ausschließlich dem Imperator zu; er stand über Recht und Prozeß. (Mommsen I. S. 937.)

Die Anklagen gegen Befehlshaber vom Centurio aufwärts, namentlich wenn es sich um militärische Reate handelte, gehörten vor den Kaiser. (Mommsen II. S. 924.)

Dem Statthalter kam als Feldherrn das Zwangs- und Strafrecht zu; er konnte auf Deportation und Zwangsarbeit, nicht aber auf Todesstrafe erkennen.

Im 3. Jahrhundert n. Chr. wurde es Regel, daß der Kaiser das jus gladii über Personen niederen Standes an die Provinzstatthalter, praefecti urbis und praetorio delegierte.

Es bildet sich die Ueberzeugung, daß das Verfahren im römischen Heere ein äußerst formloses war; die straffe Handhabung der Disziplin fand ihre Stütze in der ausgedehnten Strafgewalt der Befehlshaber.

Ihre Anwendung mußte sich wohl in gewissen Grenzen halten, solange Bürgerschaft und Bürgerheer identisch waren, solange die Gliederung der Bürgerschaft gleichmäßig für den Kriegsdienst, wie für die Versammlung der Gemeinde galt; als die Befehlshaberstellen teilweise der komitialen Kreirung unterlagen und das Volk seine Autorität als Gnadeninstanz im Bürgerschaftsgericht zu wahren vermochte. (Mommsen III. S. 354.)

Ungezügelt trat die Willkür im Kaiserreiche auf, als das Heer sich nicht mehr ausschließlich aus Bürgern zusammensetzte, als das Eindringen von Ausländern, kriegsgefangenen oder geworbenen Franken, Sachsen, Vandalen, Persern sich geltend machte.

Der Trieb der Selbsterhaltung, die Furcht vor den Söldnerheeren, welche in der Masse des Volkes keinen Rückhalt hatten, führte von selbst dazu, dieselben durch die schärfste Disziplin für den Dienst des Despotismus zu zügeln.

Nachstehende Stellen erbringen den Beweis hiefür:

Augustus. In re militari et commutavit multa et instituit atque etiam ad antiquum modum nonnulla revocavit.

1*

Disciplinam severissime rexit. Sueton. Aug. 24. (Haenel E.
S. 31.)

Macrinus. In crucem milites tulit et servilibus suppliciis
semper affecit; et quum seditiones militares pateretur, milites
saepius decumavit, aliquando etiam centesimavit. Capitolini
Macrinus 12. (Haenel E. S. 156.)

Severus Alexander. Militarem disciplinam severissime
rexit; quasdam tumultuantes legiones integras exauctoravit.
Eutrop. 8, 14. (Haenel E. S. 160.)

Deutsches Recht
der ältesten und fränkischen Zeit.

(Laurentius, Abhandlung von den Kriegsgerichten der alten Deutschen.
Gotha 1763. I. §§ 5, 7, 8, 10—16. II. §§ 1—26. III. §§ 1—20. — Dahn,
Deutsche Geschichte. I. 223 ff. I. 2 630 ff. — Schroeder, Deutsche Rechts-
geschichte. 1894. §§ 4—6, 9, 17, 18, 22, 23, 29, 37.)

Im deutschen Recht der ältesten Zeit waren Volk und
Heer gleichbedeutende Begriffe; die Gliederung des Heeres nach
Gauen oder Tausendschaften, nach Hundert- und Sippschaften
war auch jene des Staates.

Das Völkerschaftsding war identisch mit Heeresversammlung.
Die Gewalt des Königs gegenüber dem Volke war beschränkt;
Leiter ohne entscheidende Stimme, war er der Erste unter Gleichen.

Gaufürsten und Centenarien waren Beamte des Volkes,
Anführer im Kriege, ordentliche Richter.

Das Volk zerfiel in vier Geburtsstände: Adelige, Freie,
Hörige und Unfreie; letztere galten als Sache im Eigentum des
Herrn; sie standen dem Staatsleben ferne. (Laurentius I. §§5, 8.)

Im Gerichtsverfahren kannte man auch für privatrecht-
liche Ansprüche nur den Strafprozeß.

Das öffentliche Verfahren mit strengem Formalismus vollzog sich nach dem Verhandlungsprinzip als Parteikampf vor dem
Richter; die Prozeßleitung war Sache der betreibenden Partei,
von der auch die Ladung ausging. Auf die vom Kläger gestellte
Urteilsbitte erfolgte Beweisverfahren oder Verurteilung.

Beweismittel waren Zeugen und Eid; letzterer in der Regel
durch eine Anzahl Eideshelfer bekräftigt. Das Urteil bedurfte der
Zustimmung der Versammlung; der Urteilsvorschlag ging bald

vom Fürsten unter Beirat von Dingleuten aus, bald geschah er durch gewählte Gesetzsprecher, bei den Franken durch sieben Rachinbürgen. —

Das Heerwesen beruhte auf der Wehrpflicht aller waffenfähigen Männer mit Ausnahme der Unfreien und Hörigen.

Die Einberufung geschah auf Beschluß der Landesversammlung. Das Heer trat zusammen nach Gauen unter den Fürsten, nach Hundertschaften unter den Centenarien; nach Sippschaften.

Die Führung oblag dem König oder dem von ihm ernannten Befehlshaber.

Ein besonderes Strafverfahren bestand bei der innigen Verbindung von Volk und Heer in letzterem nicht. Im Kriege war die Gerichtsbarkeit mit dem Amte des Führers vereinigt. Gerichtshändel wurden im Lager und auf dem Heerzuge ohne Umschweif und Weitläufigkeit durch Aufknüpfen von Verrätern und Ersäufen von Feigen entschieden.

Bedeutenden Anteil an der Gerichtsbarkeit hatten die beim Heere befindlichen Priester.

Durch Uebertragung des Strafamtes von Seite der Herzoge, durch den Aberglauben des Volkes, welches sich den Aussprüchen der Priester blindlings unterwarf, erlangten sie Gewalt über Leben und Tod; sie hatten das Recht der Fesselung und Züchtigung; Todesurteile vollzogen sie mit eigener Hand; alles im Namen der Gottheit und unter dem Vorwand göttlicher Rache. (Laurentius I. §§ 10—16.)

In der fränkischen Zeit stieg die Macht der Könige und der Einfluß der Großen; der Volkswille wurde eingeschränkt.

An Stelle der Gerichtsbarkeit, welche dem Landesding zukam, trat die Gerichtshoheit und das Bannrecht des Königs.

Das fränkische Reich zerfiel in Provinzen, ferner in Gaue als Verwaltungsbezirke in Bezug auf Politik, Heer und Gerichtsbarkeit; in Hundertschaften als ordentliche Gerichtsbezirke; in Gemeinden mit genossenschaftlicher Selbstregierung. Grafen und Centenare wurden Beamte des Königs.

Der eigentliche Reichstag zur Heerschau, zur Erledigung von Politik und Gesetzgebung war das unter Pipin an Stelle des Märzfeldes getretene Maifeld; ohne die hiezu entbotenen geistlichen und weltlichen Großen konnte der König keine wichtigen Entschlüsse fassen. Die Beschlüsse wurden in Kapitularien aufgezeichnet.

Im Verhältnis der Stände ergaben sich Aenderungen.

Der Geschlechtsadel verschmolz mit dem neuen Dienstadel, wie er aus dem Königsdienst hervorging; Grundherren und höhere Beamte bildeten die Hochfreien; die freien Grundbesitzer den Mittelstand, ihnen folgten die Hintersassen.

Die Unfreien erlangten strafrechtlichen Schutz; die Hörigen hatten die Hälfte Wehrgeld und Buße der Freien.

Im Rechtsgebiete entwickelte sich neben den Volksrechten, deren Aufzeichnung gegen Ende des 5. Jahrhunderts begann, die fränkische Reichsgesetzgebung als Amtsrecht.

Das volksrechtliche Verfahren erlitt Aenderungen durch die Königsgesetzgebung, hauptsächlich in Bezug auf Verhandlungsprinzip und Beweis.

Die Ladung erfolgte nunmehr an Stelle des Klägers durch Befehl des Richters, welchem auch die Prozeßleitung zukam. In das Beweisverfahren wurden die Urkunden aufgenommen; die Zulassung von Zeugen unterlag gewissen Voraussetzungen.

Im wesentlichen blieben die Formen des ordentlichen Verfahrens wie im germanischen Recht.

Die Gottesurteile waren besonders unter Karl dem Großen zu größerer Bedeutung gelangt; der gerichtliche Zweikampf war, außer von der Kirche, allgemein anerkannt.

Die Urteilsschelte wurde anfangs durch Gottesurteil, in der karolingischen Gesetzgebung durch das Königsgericht entschieden; dieses verfuhr nach Amtsrecht.

Das Rügeverfahren mit Hilfe von Rügegeschwornen stand in Verbindung mit dem Amte der Königsboten.

Im Heerwesen galt der Kriegsdienst als allgemeine Unterthanenpflicht; das Aufgebot war nunmehr ausschließlich Recht der Krone; wer demselben nicht Folge leistete, verfiel der Strafe des Königs- oder Heerbannes. Die Herisliz galt als Hochverrat. Die Strafen für Entziehung vom Aufgebot waren bei allen Völkerschaften strenge, nach Umständen Todesstrafe, Einziehung der Güter, Landesverweisung, Geldbuße; bei geringeren Leuten körperliche Züchtigung, Abscheeren der Haare; ewige Knechtschaft bei Uneinbringlichkeit der Geldbuße.

Auf königliches Aufgebot sammelten, entsprechend der staatlichen Gliederung, die Centenare, Grafen und Herzoge ihre Bezirke und übernahmen die Führung.

Das Heer bestand meist aus Fußtruppen ohne eigentlichen Sold; Verpflegung und Waffen mußten die Kriegsleute nach altem Herkommen auf drei Monate mitbringen.

Zu eigenartigem Einfluß in der Heeresverfassung gelangte der Grundbesitz; Losanteile an eroberten Ländereien wurden zu Eigentum überlassen; sie wurden später vererbliche Allodien, Stamm- oder Freigüter; Gegenleistung war der Kriegsdienst auf eigene Kosten.

Der Kampf mit den Hunnen zwang zur Einführung der Reiterheere; es entstand das Lehenwesen; jene, welche sich zur Vasallität bereit erklärten, erhielten Benefizien zur lebenslänglichen Nutzung; man forderte von den Besitzern Reiterdienste.

Unter den Karolingern wurde Gestellungspflicht und Beschaffung der Ausrüstung nach Grundbesitz oder beweglicher Habe geregelt; man ordnete die Pflichtigen auf Grund einer fixierten Vermögenseinheit zu Gruppen, ein System, welches in den Kriegsordnungen Karls des Großen von 807 und 812 durchgeführt wurde.

Trotz der Strenge des Aufgebots waren gewisse Klassen zeitweise oder ständig befreit.

Als unwürdig waren außer den Leibeigenen noch jene ausgeschlossen, welche einen Mord an den Eltern oder an einem Priester begangen hatten. —

Die Veränderungen, welche im Staatswesen der fränkischen Monarchie hauptsächlich in Bezug auf die Stellung der Kirche und die Gruppierung der Stände eintraten, blieben nicht ohne Einfluß auf das Kriegsrecht.

Die heidnischen Priester verloren sich; doch gingen ihre Rechte im Heere teilweise auf die höhere Geistlichkeit über; man gestand ihr eine gewisse Ueberwachung der Unparteilichkeit der Rechtspflege und das Beisein in den Kriegsrechten zu.

Im allgemeinen läßt sich feststellen, daß die Verbrecher, wenn nicht vollständig überwiesen, vor einem ordentlich besetzten Gerichte verhört, daß hohe Reichsstände nur von Standesgenossen gerichtet wurden, daß der König in schwereren Verbrechen nicht für sich allein entschied.

Die Gerichtsbarkeit war eine hohe und niedere je nach dem Stande, ob hohe Kriegshäupter oder niedere Befehlshaber; es bestanden demnach Ober- und Untergerichte.

In den Obergerichten ließ der König den Angeklagten durch die versammelten Reichsstände: Bischöfe, Aebte, Grafen und Herren verhören und den Rechtsspruch thun. Das Recht der Begnadigung stand ihm allein zu. Schon im Jahre 585 saßen in einem Obergericht, abgehalten vom burgundischen Könige Guntram gegen Heerführer wegen Pflichtverletzung im Feldzuge gegen die Westgoten, geistliche und weltliche Reichsstände.

Durch ein solches Obergericht wurde Herzog Thassilo von Bayern auf dem Reichstage zu Ingelheim 788 wegen Hochverrates durch Aufwiegelung der Hunnen von Karl dem Großen zum Tode verurteilt, jedoch wegen Blutsfreundschaft nach Entsetzung vom Herzogtum zur Verbringung in ein Kloster samt Söhnen und Töchtern begnadigt.

Die Untergerichte übten die peinliche Gerichtsbarkeit im Felde über Ehre, Leib und Leben jener Kriegsleute, welche vermöge ihres Standes den Obergerichten nicht zugehörten; sie waren ordentlich besetzte Kriegsgerichte. Hier blieben jene Richter, welche es gemäß der Gauverfassung auch im Frieden waren; das herkömmliche Verfahren unter freiem Himmel, vor der Kriegszugleich Volksgemeinde mit Beobachtung der Hegungsformeln wurde beibehalten.

Den Vorsitz hatten die Grafen als Befehlshaber, neben demselben traten auserlesene Männer, Standes- und Waffengenossen des Angeklagten als Schöppen auf, welche, wie im Frieden, den Rechtsspruch thaten.

Die Kriegsleute hatten demnach ihren Gerichtsstand vor den mit Richter und Schöppen ordentlich besetzten Kriegsgerichten. (Laurentius III. §§ 1—20.)

Willkür trat im germanischen Rechte nur vereinzelt, jedoch in charakteristischer Weise auf, als Mißbrauch der kriegsherrlichen Gewalt durch den Herrscher in Form persönlicher Rache. Im Landesbing der Erste unter Gleichen hatte er bei der Heeresmusterung Gewalt über Leben und Tod.

Im Jahre 486, nach Beendigung des Krieges gegen Siagrius, hatte eine Landesversammlung zu Soissons über die Verteilung der Kriegsbeute zu beschließen. Chlodwig forderte ein aus einer Kirche geraubtes Gefäß über seinen Losanteil behufs Rückgabe an den Bischof. Nur ein Mann widersprach dem allgemeinen Beschluß auf Zuerkennung des Gefässes.

Bei der im nächsten Jahre stattfindenden Heeresmusterung schlug Chlodwig seinen Beleidiger, der nur von seinem Rechte Gebrauch gemacht hatte, eigenhändig nieder. (Laurentius II. S. 115 ff.)

Im wesentlichen ist das germanische mündliche Anklageverfahren mit dem Gerichte der Gleichen und dem Institut der Schöppen die Grundlage geblieben für das Recht späterer Zeiten. Es erhielt sich durch das ganze Mittelalter; es bestand noch in den Kriegsgerichten zur Zeit Friedrich I. im 12. Jahrhundert.

In Deutschland drang die alte Form der Kriegsgerichte weit über das Mittelalter hinaus; sie findet sich noch in den Kriegsartikeln für die Landsknechte von 1508 und 1570, sowie in deren Rechtsbrauch.

Im allgemeinen resultiert aus dem germanischen Kriegsrecht der Satz:

„Identität von Volk und Heer schließt ein Sonderverfahren in letzterem aus."

Der Kriegsprozeß als Anklageverfahren mit Oeffentlichkeit und Mündlichkeit.

I. Kapitel.

Mittelalter.

(Barthold, Georg von Frundsberg, das deutsche Kriegshandwerk zur Zeit der Reformation. Hamburg 1833. S. 47 ff. — Roßhirt, Geschichte und System des deutschen Strafrechts. Stuttgart 1839. I. §§ 30 ff. 75 E. — Gerber, Deutsches Privatrecht. Jena 1863. § 15. — Schröder, §§ 39—42, 46, 47, 49, 52, 62, 63.)

§ 1. Staatswesen.

In Deutschland, welches durch den Vertrag von Verdun ein von der fränkischen Monarchie unabhängiges Königreich geworden war, erhielt sich der Amtscharakter der auf der Gaueinteilung beruhenden Grafschaftsverfassung noch bis in das 13. Jahrhundert.

Ihre allmähliche Auflösung wurde durch die Immunitäten und durch das Lehenwesen herbeigeführt. Erstere erwarben sich die Gerichtsbarkeit und Exemption von den Grafschaften; Bischöfe und Aebte erhielten gräfliche Gerichtsbarkeit; aus den königlichen Domänen gingen Reichsvogteien hervor; es bildeten sich Stadtgemeinden mit korporativer Verfassung.

Die Erblichkeit der Lehen, welche Herzoge und Grafen als königliche Beamte statt der Besoldung hatten, war seit Heinrich V. und Lothar II. allgemein anerkanntes Gewohnheitsrecht. Es bildeten sich Territorien mit förmlichen Landesherren.

Soweit das Recht der Herzoge, Markgrafen oder Grafen reichte, hatte sich die königliche Macht in eine bloße Lehensherrlichkeit umgewandelt.

Diese Verhältnisse führten einen Zustand herbei, wo nur Gewalt zwischen Hohen und Niederen entschied; schon unter Heinrich IV. und V. griff das Faustrecht um sich; auch das Wahlrecht war der Befestigung der königlichen Macht nicht günstig.

Die alte Verbindung des Reichstages mit der allgemeinen Heeresversammlung war nicht mehr vereinbar mit dem Wesen des Lehensstaates und der Feudalmiliz.

Von einer Zustimmung des Heeres war seit Ende des 10. Jahrhunderts keine Rede mehr; der Reichstag des Mittelalters gipfelte in der Versammlung der Großen.

In der Zeit der Hohenstaufen und des Zwischenreiches bemächtigte sich der Geist der Unabhängigkeit auch der kleineren geistlichen und weltlichen Dynasten; manche rissen sich von der Herrschaft gänzlich los und begaben sich unmittelbar unter Kaiser und Reich; es bildete sich die unmittelbare Reichsritterschaft.

Zum Schutze gegen die landesherrliche Gewalt traten die Städte in Bünde zusammen.

Manche Veränderung trat in den Verhältnissen der Stände ein; ihre Gliederung knüpfte sich nur noch vereinzelt an bestimmte Buß- und Wehrgeldtaxen. Man unterschied:

den Herrenstand; neben den Fürsten standen alter Adel und Grundherren als Immunitäts- und Gerichtsherren;

den Ritterstand, eine einheitliche Gesellschaftsklasse mit eigenen Gesetzen; er umfaßte die Edlen und die Dienstmannen.

Unter den Gemeinfreien galten die Bauern als nicht ritterbürtig und für die Heerfahrt nicht mehr tauglich; sie hatten eine Heersteuer, den Grafenschatz, zu entrichten; sie wurden pfleghaft.

Den Pfleghaften und Landsassen als freien Bauern mit öffentlichem Gerichtsstand standen die Vogtleute unter grundherrlicher Gerichtsbarkeit gegenüber.

Die Grundhörigen, gutsherrliche Hintersassen, hatten dem Herrn Kopfzins und Erbschaftssteuer zu entrichten.

Die Leibeigenen, als unterste Klasse der Bevölkerung, standen unter dem Schutze des Landrechtes, waren jedoch vermögensunfähig.

§ 2. Rechtszustand.

1. Rechtsbildung.

Kapitularien und Volksrechte kamen im 11. Jahrhundert mit Eintritt der Veränderungen im Staat und in den Ständen außer Uebung.

Das Gewohnheitsrecht in den Stämmen herrschte bis zum 13. Jahrhundert; das fränkische Stammesrecht, das bedeutendste, beherrschte mit seinen Einrichtungen das ganze Reich.

Die Grundlage für die deutsche Reichs- und Landesgesetzgebung im Mittelalter waren die Landfrieden gegen den Mißbrauch des Fehdewesens.

Von den Rechtsbüchern bildeten Sachsen- und Schwabenspiegel, welchen das fränkische oder Kaiserrecht zu Grunde lag, die nächste Quelle für das Strafrecht des Mittelalters.

Der Richtsteig-Landrechts behandelte unter Verweisung auf

den Sachsenspiegel den landrechtlichen Prozeß. Spiegel und Richt-
steig sind der Ausdruck des älteren deutschen Rechtes.

Landrechte und Landesgesetze gingen während des 10. Jahrhunderts noch aus der Provinzial= später nach Verfall der Stammes-
herzogstümer aus der Territorialgesetzgebung hervor.

Bei der Rechtsbildung kamen ferner in Betracht: Stadtrechte,
Lehens= und Dienstrechte als Aufzeichnungen des Rechtes der
Ministerialen; Weistümer, gutsherrlich-bäuerliche Rechtsverhältnisse
bezeugend. —

Staatswesen und Rechtsbildung des Mittelalters blieben
nicht ohne allen Einfluß auf das Kriegsrecht.

Im Staatswesen hat sich die scharfe Trennung der untersten
Volksklassen gemildert; der Gegensatz zwischen Freien und Unfreien
besteht im Strafrechte nicht mehr; dieses ist für alle Stände ein
gleiches. Länger erhielt sich der Standesunterschied im Prozeß;
er äußert sich hier im Gerichtsstand.

Auch das Heerwesen hat stets die Rangklasse als „Stand"
bezeichnet. Der Stand der Befehlshaber steht heute noch jenem
der Unterbefehlshaber und Gemeinen gegenüber; er besteht heute
noch im Gerichtsstand des deutschen Militärstrafverfahrens; im
Strafrecht ist er verschwunden.

Die Annäherung der Stände, deren Ziel die Gleichheit vor
dem Gesetze ist, führte auch im Kriegsprozesse allmählich dahin, daß
man den Gerichtsstand nicht ausschließlich nach dem höheren oder
niederen Stande, wie im germanischen Prozesse, feststellte. —

Das System der Spiegel, soweit es durch die Carolina weiter-
gebildet wurde, mit den Strafen an Hals und Hand, Haut und
Haar, erhielt sich im wesentlichen bis in das 18. Jahrhundert im
Strafrecht der Heere.

2. Gerichtsverfahren.

Die Leitung des Prozesses im Mittelalter war Sache des
Richters; er hatte jedoch kein selbständiges Verfügungsrecht, war
vielmehr an die zu erfragenden Bescheide der Urteiler gebunden.
Der Prozeß vollzog sich in Frage und Urteil; die Parteianträge
gingen an den Richter. Der Gefahr des Prozeßverlustes, welche
ein Verstoß gegen die Form in sich trug, suchte man durch Verwendung von Fürsprechern zu begegnen; Fehler, welche diese be-
gingen, konnten durch ein Restitutionsgesuch der Partei ausgeglichen werden. Das Amt des Fürsprechers war öffentliche Pflicht
der Dienstpflichtigen. Später konnten sich die Parteien auch mit
Beratern versehen.

In der fränkischen Zeit hatte sich der bürgerliche Prozeß
noch in den Grenzen des Strafprozesses bewegt; jetzt unterschied
man bürgerliche, peinliche und gemischte Klagen.

Peinliche Klagen waren im allgemeinen alle Strafklagen; wo es sich um Buße handelte, konnte sich der Kläger auch der bürgerlichen bedienen.

Gegen Verbrecher auf handhafter That bestand noch das alte summarische Verfahren. Im Beweisrechte erhielt sich der Eid mit Eideshelfern im allgemeinen nur im Strafprozesse; bei bürgerlichen Klagen wurden die Eideshelfer allmählich Zeugen.

Der gerichtliche Zweikampf behauptete sich während des ganzen Mittelalters; nur in den Städten wurde er beseitigt.

Die Urteilsschelte hatte sich in förmliche Berufung umgewandelt und führte zur Entscheidung vor dem Reichshofgericht als Berufungsinstanz für ordentliche Gerichte.

Bei den Sendgerichten fand das Rügeverfahren mit 7 Rügegeschworenen als Anklägern statt.

Im bayerischen Rechte traten seit dem 13. Jahrhundert an Stelle der Schöffen die Beisitzer oder Vorsprecher des Rechtens, an jedem Dingtag besonders berufen.

Für Botendienst und Urteilsvollstreckung hatten die Landgerichte besondere Organe: Schergen, Frohnleute, Waibel, Büttel.

Seit dem 14. Jahrhundert zeigte der Strafprozeß mehr Neigung zum Einschreiten von Amts wegen; der Mangel eines Klägers wurde durch Rüge oder Benennung eines Anklägers von Amts wegen ersetzt.

§ 3. Heerwesen.

Das Lehenwesen hat auch im Mittelalter seinen eigenartigen Charakter in Form des Reichssöldnertums bewahrt; für den Reiterdienst gewährte das Reich den Vasallen einen Sold im Wege der Lehensnutzung.

Die Kostspieligkeit des Reiterdienstes führte dahin, daß der lehenspflichtige Adel für das in seinem Bezirke ansässige Volk den Reichsdienst übernahm und ihn mit seinen Dienstmannen verrichtete. Zur Bestreitung der Kriegskosten erhob der Adel von den Heerbannpflichtigen den Heerschilling. Bis zum 12. Jahrhundert hatte der König das unbeschränkte Recht des Aufgebotes; er bestimmte dessen Stärke, jedoch nicht mehr nach Vermögensklassen. Das Heer trug bis zu einem gewissen Grade noch den Charakter des Volksheeres.

Unter dem letzten Salier, Heinrich V., stand dem König das Aufgebotsrecht nur noch im Vereine mit dem Reichstage zu, mit dessen Zustimmung Stärke, Ort und Zeit der Versammlung des Heeres festgestellt wurde. Letzteres bestand nur mehr aus Reitern; es war seit dem 12. Jahrhundert Feudalmiliz. Alle Reichsstände und Gemeinheiten, welche dem Reiche unmittelbar verbunden waren, hatten die Verpflichtung zum Kriegsdienst. Das Aufgebot erging an die Reichsministerialen und Reichslehumannen.

Jeder Fürst stellte, vermöge seiner Stellung als Graf, sein Kontingent durch Aufgebot der Vasallen; diese boten wieder ihre Mannen auf; waren letztere nicht genügend vorhanden, so mußten sie durch geworbene Soldritter ergänzt werden.

Das Volksheer wich mehr dem Ritterheere; die Zahl der grafenschatzpflichtigen Freien vermehrte sich.

Die Städte wurden als Korporation aufgeboten und hatten ihr Kontingent zu stellen.

So lange die Stammesherzogtümer bestanden, hatte jeder Herzog die Führung der Truppen seines Stammes; als das Heer in Kontingente zerfiel, führten diese ein eigenes, von jenem des Reiches verschiedenes Banner.

Die Führung des Heeres oblag dem Könige oder dem von ihm ernannten Befehlshaber; über das versammelte Heer hatte der König freie Verfügung.

In besonderen Fällen, wie bei unmittelbarer Landes=Verteidigung, konnte noch die allgemeine Heerfolge aller Freien gefordert werden.

An der Wende des Mittelalters und der Neuzeit wurde eine Veränderung im Reichskriegswesen infolge der Kriege mit den Hussiten angebahnt. Das Vertrauen zur Feudalmiliz war erschüttert.

Technische Verbesserungen wurden dem Faustrechte und Ritterwesen gefährlich; der religiöse Fanatismus der Glaubenskämpfe überlebte sich; das Rittertum sank mit der Vernichtung des Nahekampfes.

Der Reichstag zu Nürnberg 1422 beschloß, statt des bisher üblichen Aufgebotes eine direkte Vermögenssteuer, den hundertsten Pfennig, zur Aufstellung eines Reichssöldnerheeres gegen die Hussiten zu erheben.

Für jene Reichsstände, welche den gemeinen Pfennig ablehnten, wurde eine gesetzliche Heermatrikel als Grundlage zur Bestimmung ihrer Kontingente aufgestellt.

Die Hauptleute waren zugleich Unternehmer; jeder, der neun Gewappnete, Ritter, und drei Schützen stellte, war deren Hauptmann, erhielt für sie den Sold und einen Unternehmergewinn. Die Soldverhältnisse wurden gesetzlich geregelt.

Auch unter Maximilian I. wurde noch an dem System festgehalten, Söldnerheere mittels des gemeinen Pfennigs aufzubringen.

Die Zersplitterung und Lähmung des Staatsorganismus durch Bündnisse einzelner Reichsglieder, die Loslösung von Verpflichtungen führte die Lockerung der Vasallenverbindung zwischen Staatsoberhaupt und Adel herbei.

Als im letzten Jahrzehnt des fünfzehnten Jahrhunderts der Krieg zwischen den Valois und Habsburgern zunächst um Burgund, dann um Mailand entstand, da sahen sich jene von der Macht ihrer Vorfahren verlassen.

Ludwig XI., Karl VIII., Ludwig XII., Franz I. beriefen zur Ermöglichung der Kriegsführung Schweizer in ihren Sold.

Maximilian schuf die Landsknechte. Besoldete Landsknechte, größtenteils im Frieden wieder entlassen, waren schon seit dem Jahre 1410 in Verwendung; ursprünglich als freiwillige Truppen aus den österreichischen Erblanden berufen, wurden sie von Maximilian I. durch Kriegsartikel organisiert. Er bewaffnete sie nach Schweizerart mit langen Spießen und Schwertern. Diese Landsknechte waren als Handwerksgesellen meist Mitglieder einer Zunft, in Zunftspielen und im Städtekrieg wohl geübt.

Bald ließen sich auch Edle, besonders von den schwäbischen Ritterbänken, herbei, den Beruf der Landsknechte zu üben und weiter zu bilden; auch andere Grafen, Edle und Reichsstädte folgten dem Beispiele. So war in kurzer Zeit das Wesen der „frommen Landsknechte" über ganz Deutschland verbreitet.

Auch das Ausland verwendete deutsche Landsknechte.

Maximilian ordnete das deutsche Kriegswesen nach dem Muster der römischen Kriegsverfassung, welche er verbesserte; er teilte das Fußvolk nach Art der römischen Legionen in gewisse Haufen, die er Regimenter nannte.

Er schuf das System der stehenden Heere.

§ 4. Der Rechtsbrauch der Landsknechte.

Das Verfahren in seiner jetzigen Erscheinung vereinigt das Wesen des alten fränkisch-germanischen Rechtes mit den Fortschritten des gemeinen Prozesses, mit dem es in fortdauernder Entwicklung geblieben ist.

Die Grundprinzipien des älteren Verfahrens waren: Oeffentlichkeit, Mündlichkeit, Anklage und Verteidigung; der Grundsatz, daß keine Strafe von Belang ohne richterliches Erkenntnis verhängt werden dürfe und daß jeder nur von seinesgleichen gerichtet werden könne.

Hiezu kamen aus dem gemeinen Prozesse herüber: die Uebertragung der Gerichtsbarkeit, wie sie sich schon in der Grafschaftsverfassung entwickelte; das Schultheißenamt, Fürsprecher und Berater, eigene Organe für die Anklage, der Schreiber.

Keinen Eingang gefunden hat die Urteilsschelte, welche sich im gemeinen Prozeß bereits zur förmlichen Berufung ausgebildet hatte; im Kriegsprozeß herrschte nur die Gnade.

So fanden sich die Grundsätze des fränkisch-germanischen Verfahrens wieder in der Kriegsverfassung der ersten stehenden Heere auf Zeit.

Die Entwickelung des Verfahrens zum Kriegsprozeß vollzog sich demnach mehr auf formellem Wege; denn es stand nie in

prinzipiellem Widerspruch mit Staatswesen, allgemeinem Rechts=
zustand und Heeresverfassung.

Die beiden letzteren insbesondere waren die für Gestaltung
des Kriegsprozesses maßgebenden Faktoren; trotz der Veränderungen
im Staatswesen, herbeigeführt durch den Einfluß des Lehnwesens
und durch die Schwankungen in den Verhältnissen der Stände,
hat er seinen volkstümlichen Charakter bewahrt.

Als eigenartige Erscheinung, die sich im Laufe der Zeit nicht
mehr wiederholt, trat das Spießrecht der Landsknechte als ver=
tragsmäßiges Verfahren auf.

Scheinbar außerhalb der allgemeinen Rechtsordnung stehend,
fußte es doch auf dem korporativen Rügeamt, wie es dem Bischofe
über Geistliche und Laien, der weltlichen Kurie über ihre An=
gehörigen, dem Stadtgerichte über Städter und Zunftgenossen,
bei letzteren nach eigenen Satzungen, den Dörfern als Dorf= und
Feldrügeamt zustand. Da die Landsknechte sich freiwillig den
Waffen widmeten und als Mitglieder einer Zunft oder einer
anderen Genossenschaft bisher unter dem Schutz volkstümlicher
Sitten und Gebräuche gelebt hatten, so wollten sie auch in ihrem
neuen Verhältnis freie deutsche Männer bleiben und die alt=
germanische Verfassung mit dem Rechte, sich selbst zu richten, bei=
behalten.

Bei Errichtung eines Regimentes verständigte sich der Befehls=
haber mit den Kriegsleuten über den Rechtsbrauch in Malefiz=
sachen. Man verfuhr entweder nach dem Rechte der langen
Spieße oder die peinliche Rechtssache wurde durch Geschwornen=
gerichte unter dem Vorsitze des Schultheißen erledigt. Diesem
wurde der Stab vom Befehlshaber verliehen, welchem er eidlich
eine gerechte und unparteiische Amtsführung geloben mußte.

Der Schultheiß nahm sich dann zwölf Männer als Schöppen
und einen Schreiber, welcher gleichfalls beeidigt wurde.

Sollte ein Malefizgericht über Ehre, Leib und Leben ge=
halten werden, so wurden durch Ausruf und Trommelschlag obere
und untere Führer zur bestimmten Stunde zur Mahlstatt beordert.

Das Verfahren war verbunden mit weitschweifigen und
pompösen Formen, die Oeffentlichkeit unbeschränkt.

1. Malefizrecht.

Das Malefizrecht fand im Lager auf freier Stätte, umgeben
mit Schranken, statt; Hauptleute, Fähndriche hatten ihren Platz
innerhalb der Schranken. Das Gericht wurde am nüchternen
Morgen gehalten. Der Schultheiß und Stabhalter begrüßte die
Versammlung, bekannte sich für verpflichtet, zugleich mit den
Richtern den Eid zu leisten, ein Urteil zu verfassen nach göttlichen

und menschlichen Rechten. Hierauf wurden verlesen der Artikel=
brief, auf Grund dessen der Eid, gewöhnlich nur auf sechs Monate,
an den Landesherrn stattgefunden, die Gerichtsordnung und der
Inhalt des Schwures.

Alsdann leisteten die Richter den Eid.

Darauf begann das Umfragen und endlich die Verbannung
des Rechtes.

Die erste Umfrage erging vom Schultheißen an einen Ge=
richtsbeisitzer, ob der heutige Tag bequem sei, den Stab der
Gerechtigkeit zu erheben, nicht zu früh oder zu spät, nicht zu
heilig oder zu schlecht.

Die zweite Umfrage bezog sich auf die richtige Besetzung des
Gerichtes und ob unter den Richtern sich keiner befinde, der nicht
ehrlich oder mit „beleumdeten" Sachen behaftet sei.

Die dritte Umfrage bezog sich darauf, ob, wenn während
des Gerichtes eine Predigt stattfände, der Schultheiß berechtigt
sei, das Evangelium zu hören und sodann weiter zu urteilen;
die vierte Umfrage berührte in gleicher Weise eine Unterbrechung
durch Feuer= und Wassersnot; eine fünfte, was der Schultheiß
zu thun habe, wenn ihn plötzliche Leibesschwäche befiele oder sein
Oberst nach ihm schicke; endlich ob bei Entstehen eines Unwetters
dem Gerichte aus Sorge für Beschädigung des Gerichtsbuches
erlaubt sei, ein Obdach zu suchen. —

Diese langwierigen Formen mochten den Zweck haben, Ueber=
eilung und Ungerechtigkeit fernzuhalten. —

Nach Erledigung derselben begann die Verbannung des
Rechtes im Namen Gottes, des Kaisers, des Regimentsbefehlshabers
und der Gewalt des Schultheißen; eigenmächtige Einreden, heim=
liches Sprechen mit dem Richter, Umbrängen desselben sind unter=
sagt; dem Profoß ist eine Gasse zu lassen, um den Gefangenen
hin= und zurückzuführen; bei Geldstrafe und unter Vorbehalt
anderer Pön. (Die Bezeichnung Profoß stammt aus dem mittel=
hochdeutschen probest, provost, Vorgesetzter, Aufseher, Probst.
Kluge, Etymolog. Wörterbuch.)

Die Verhandlung begann mit Aufruf des Profoß durch den
Schultheiß zur Anbringung der Klage. Der öffentliche Ankläger
bat um einen Fürsprecher aus den Gerichtsleuten.

Dieser tritt vor die Schranken und bingt sich für den Profoß
ins Recht.

Der hierauf vorgeführte Gefangene erhält die Aufforderung,
sich ebenfalls einen Fürsprecher zu nehmen.

Der Beklagte erzählt den Sachverhalt; der Profoß berichtet
über die That und gibt dem Fürsprecher den Klagebestand an.

Der Fürsprecher des Profoß trägt dem Gerichte den Hergang
vor im Namen des Regimentes, trägt auf Bestrafung nach Kraft

des Artikelbriefes an, dessen einschlägige Stelle durch den Schreiber verlesen wird, und verlangt Urteil für den heutigen Tag.

Nun bittet der Fürsprecher des Gefangenen um Aufschub bis auf künftigen Rechtstag, damit er sich um alles bewerben könne, was ihm nach kaiserlichem Recht förderlich sei.

Bei der nunmehrigen Umfrage gibt der Fürsprecher des Profoß zu, daß dem Gefangenen das Recht auf Aufschub zur Kundschaft und Zeugenbewerbung zustehe, um ihm nicht sein Recht zu verkürzen.

Mit Zustimmung des Gerichtes verkündet der Schultheiß dem Beklagten den Beschluß mit der Ermahnung, sich alles zu verschaffen, was ihm nützen könne. —

Der Verlauf des zweiten Gerichtstages ist im allgemeinen derselbe.

Wird der Beklagte wieder schuldig befunden, so verlangt er die dritte Rechtsfrist. Wird seine Schuld auch hier festgestellt und vom Fürsprecher des Profoß das Urteil gefordert, so fällt der Gefangene aufs Knie und bittet um ein gnädiges Urteil. Nach dem Beweise der Schuld rückten die Gerichtsleute, nachdem die Umstehenden zurückgewiesen waren, eng aneinander zum Zwecke der Beratung.

Das Urteil wurde schriftlich abgefaßt und verlesen; dasselbe ging bei schweren Verbrechen wie Meuterei dahin, daß der Beschuldigte auf einen freien Platz geführt und ihm sein Leib mit dem Schwerte entzweigeschlagen werde, so daß der Leib der größere, der Kopf der kleinere Teil sei. Der Schultheiß brach hierauf den Stab und übergab den Gefangenen durch den Profoß dem Nachrichter zur sofortigen Hinrichtung. Diese geschah am Hochgerichte, sonst an einem bequemen Orte, wohin der Profoß dem Armen voranritt, ließ ihn zum Abschiednehmen im Kreise der Umstehenden herumführen und nach priesterlicher Tröstung vom Leben zum Tode bringen.

2. Spießrecht.

Der zweite Rechtsbrauch war das Recht der langen Spieße, wenn solches bei Errichtung des Regimentes vereinbart wurde; ein Ausfluß davon das Gassenlaufen oder die Spießruten.

Diese Rechtsform ist mehr ein Genossengericht, weil jeder des andern Strafe sein mußte. Die Knechte legten den Eid ab, wenn einer wider die Artikel verstieße, solle er ohne Rücksicht durch die „drei Räte" verurteilt werden.

Die Gemeine trat an einem nüchternen Morgen zusammen; der Profoß trat mit dem Gefangenen in die Mitte, erinnerte die Versammlung an den geleisteten Schwur, alle Ungerechtigkeit ohne Ansehen der Person zu bestrafen, und verlangte ein „Mehr", um die Strafe bei Fürsten und Herren verantworten zu können.

2*

Der Profoß fordert den Feldwaibel auf, ein „Mehr" zu machen; dieser läßt die Landsknechte abstimmen durch Aufheben der Hand zum Zeichen der Einwilligung. Der Verlauf mit Fürsprecher für Kläger und Angeklagten ist wie beim Geschwornengericht.

Der Fürsprecher trägt im Ringe die Anschuldigung vor und fordert Strafe.

Wenn der Klagebestand erhärtet ist, thun die Fähnriche ihr Fähnlein zu, stecken es ins Erdreich; es soll nimmer fliegen, bevor ein Urteil ergangen und das Regiment wieder ehrlich sei.

Nun folgen die drei Räte.

Ein Knecht wird in den Ring gerufen, damit er seinen Rat gebe; dieser fordert den Beistand von vierzig Kriegsleuten zur Besprechung.

Das erstgefaßte Urteil wird noch zweimal durch einundvierzig Vorgerufene bewährt.

Der dritte Rat wird der Gemeine zur Entscheidung vorgelegt; die Beistimmung geschieht durch Erheben der Hand; die Fähnriche bedanken sich beim gemeinen Manne für seine Willigkeit in Stärkung eines guten Regimentes und schwenken die Fähnlein.

Während die Gasse gemacht wird, beichtet der Delinquent. Die Knechte stehen in drei Gliedern geschlossen gegenüber, wer eine Lücke läßt, durch welche der zu Richtende herauskommt, tritt in dessen Fußstapfen.

Der Delinquent wird dreimal durch die Reihen geführt; er nimmt Urlaub und bittet um Verzeihung. Auf einen Trommelschlag senken sich die Spieße und Wehren; das Ende der Gasse ist geschlossen durch die Fähnriche, die Schaftspitze gegen den Delinquenten. Dieser wird von den Ketten befreit, der Profoß und Fürsprecher bitten ihn um Verzeihung; mit drei Streichen auf die Achsel im Namen Gottes wird er zur Prozedur geweiht. Nachdem er verschieden ist, beten die Knechte und ziehen dreimal um den Leichnam, die Hakenschützen schießen dreimal ab.

Den Schluß macht der Dank des Profoß für ehrliche Regimentshaltung.

———

II. Kapitel.

Neuzeit.

(Ludovici, Einleitung zum Kriegsprozeß. Halle 1715. S. 86 ff. — Roßhirt
I. § 53, 58, 68, 76, 133. III. § 279. — John, Das Deutsche Strafprozeß-
recht, Supplement zur Holtzendorff'schen Encyklopädie. Leipzig 1880. §§ 8, 9.
— Milbiller, Deutsche Geschichte. 1842. S. 273 ff. — Schroeder § 68 ff.)

§ 5. Staatswesen.

Der beschränkten Macht des Kaisers, dessen Regierungssystem
durch die Wahlkapitulation bestimmt wurde, standen die besonderen
Rechte der Kurfürsten gegenüber.

Diese erstreckten sich auf das gesamte Staatswesen; die Zustimmung der Kurfürsten mußte in allen wichtigen Reichsangelegen-
heiten erholt werden; sie hielten Kurfürstentage ab; in den Reichstags-
versammlungen bildeten sie ein eigenes Kollegium; neben diesem
bestand der Reichsfürstenrat und das Kollegium der freien und
Reichsstädte.

In den Reichstagen ließen sich Kaiser, Kurfürsten und Fürsten
durch Rechtsgelehrte vertreten; hiedurch ergaben sich Verschleppungen
durch weitläufige schriftliche Verhandlungen.

Die Zugehörigkeit zum hohen, aus Reichsfürsten und Grafen
bestehenden Adel war bedingt durch die Reichsstandschaft.

Der niedere Adel teilte sich in Reichsadel mit beschränkter
landesherrlicher Gewalt und in Landadel.

Der Stand der Bauern war seit dem 13. Jahrhundert wieder
der Hörigkeit in Form der Erbunterthänigkeit und Leibeigenschaft
verfallen; sie mußten Sterbfall- und Besitzveränderungsgebühren
entrichten, konnten im übrigen über ihr Vermögen verfügen.

§ 6. Rechtszustand.

1. Rechtsbildung.

Die praktische Rezeption des römischen Rechtes hatte sich mit
Einführung des Reichskammergerichtes im Jahre 1495 gemeinrechtlich vollzogen.

Die Kammergerichtsordnung desselben Jahres schrieb hinsichtlich des Verfahrens vor, daß es jeder Partei unbenommen sei,
ihre Sachen in Schriften vorzubringen. Die Partikulargesetzgebung
hatte bedeutenden Aufschwung genommen. Die Stadtordnung von
Worms vom Jahre 1498 regelte Prozeßordnung, Polizei- und
Malefizrecht.

Das Bistum Bamberg hatte Cent- und Malefizgerichte auf dem Lande; für das Stadtgericht mit dem Malefizamt galt die Halsgerichtsordnung vom Jahre 1509, die Bambergensis; diese stellte den Inquisitionsprozeß auf, gleichviel ob von Amts wegen oder auf Antrag eines Klägers eröffnet; nötigenfalls kam die Tortur zur Anwendung; das Verfahren war schriftlich.

Das Bistum Würzburg hatte dieselbe Gerichtsbarkeit und Einrichtung, wie Bamberg; die älteste Landgerichtsordnung war vom Jahre 1516.

Dem Partikularrechte des Burggrafenamtes Nürnberg war eigentümlich der Leumundsprozeß ohne Anklage, gerichtet gegen schlechtes Gesindel. Die Aufzeichnung war vom Jahre 1526.

Ein Akt der Reichsgesetzgebung war die im Jahre 1532 publizierte peinliche Halsgerichtsordnung Karls V. Sie ist die Basis des gemeinen deutschen Strafprozesses.

Die Carolina, eine Gerichtsinstruktion ähnlich der Bambergensis, will Fürsten und Ständen an ihren rechtmäßigen und billigen Gebräuchen nichts benehmen; verweist auch auf das römische Recht im Vereine mit bestehender Reichsgesetzgebung; sie verordnet Aktenversendung an Fakultäten und Oberhöfe.

Von den germanischen Förmlichkeiten behält sie den endlichen Rechtstag und das Schöppenwesen bei; von dem alten Beweissystem enthält sie nichts mehr; der auf handhafter That Ergriffene wird torquiert; Indizien sollen nicht zum Urteil, sondern zum Geständnis oder zur Tortur führen.

Neu ist die Schriftlichkeit; der Spruch erfolgt auf Grund der Akten.

Anlaß zum Verfahren ist das Einschreiten des Richters von Amts wegen auf Klage einer Privatperson oder namens der Obrigkeit; es beginnt ein inquisitorischer, kein akkusatorischer Prozeß. Die Schöppen treten nur mehr als Urteilszeugen auf.

Der Richter nimmt nunmehr an der Urteilsfindung teil; das Volksgericht geht über in ein Gericht von Rechtsgelehrten.

2. Gerichtsverfahren.

Aus dem kanonischen Prozeß, wie er in seiner dreifachen Richtung als Anklage, Denunziation und Inquisition für die Kirche geblieben war, hatte sich in der Praxis der Kriminalinquisitionsprozeß entwickelt.

Der Inquisitionsprozeß wurde besonders durch Papst Innocenz III. reformiert; er hielt sich teilweise auch an das römische Recht, wie bei Aufnahme der ihm ursprünglich fremden Tortur.

Der Prozeßgang ist folgender:

Aufzeichnung aller auf das Verbrechen bezüglicher Umstände; Vorladung des Inquisiten unter Mitteilung einer Kopie dieser

Aufzeichnungen; Erhebung von Nachrichten und Beweisen von
Amts wegen eventuell auch zu Gunsten des Angeschuldigten; im
Falle Nichterscheinens Einleitung des Kontumazial- oder Achts-
prozesses; bei Erscheinen und Leugnen Beweiserhebung mit Termin
zur Verteidigung, Vornahme der Kaptur; Verhör der Anschuldigungs-
und Verteidigungszeugen; Publizierung der Zeugenaussagen; Verteidigung; Gerichtstag zur Verkündung des Urteils. (Roßhirt
III. § 274.)

§ 7. Heerwesen.

Unter Karl V. wurde die Verteilung der Gesamtheeresstärke
auf die Kontingente durch die Wormser Matrikel vom Jahre 1521
geregelt. Im Laufe des 16. Jahrhunderts wurden noch die Vasallen
mit Hilfe des Lehnaufgebotes in Reiterdienst gestellt.

Der übrige Teil des Heeres waren Söldner. Das Heer war
noch ohne einheitliche Organisation und konnte erst nach dem Zu-
sammentritt in taktische Körper vereinigt werden.

Das Heerwesen in den Territorien beruhte ausschließlich
auf dem Söldnersystem; es setzte sich zusammen aus Reisigen und
Fuß- oder Landsknechten.

Die Verhältnisse im Heere waren privatrechtlicher Natur.
Die Anwerbung wurde einem Obristen übertragen, dem die Hauptleute und Rittmeister als Unterwerber dienten; nur zu diesen
standen die geworbenen Truppen im Vertragsverhältnisse; von
ihnen empfingen sie den Sold. Mit der Verlesung der Artikelsbriefe, rechtlich nur Vertragsurkunden, und mit der Beeidigung
war die Errichtung des Regimentes vollzogen. Die Führer wurden
von den Obristen und Hauptleuten ernannt. Den Söldnern stand
ein gewisses Beuterecht und ein Sturmsold bei Wegnahme fester
Plätze zu.

§ 8. Der Kriegsprozeß.

Kaiser Karls V., Enkel Maximilian II., führte in langer
Regierung und in vielfältigen Kriegen noch verschiedene Ver-
besserungen im Kriegswesen ein, welche den übrigen europäischen
Staaten zum Muster dienten.

Er gab der im Jahre 1570 auf dem Reichstag zu Speyer
errichteten Reiterbestallung und den Artikeln auf die deutschen
Knechte die Kraft eines Reichsgesetzes.

Der Einfluß des in Deutschland eingeführten römischen
Rechtes ging so weit, daß dentliche Stellen in den Artikelsbriefen
nur mit dem auswärtigen Rechte selbst von Rechtsgelehrten, welche
in den Kriegsgerichten saßen, erläutert wurden.

Häufig wurden Fragen aus dem Kriegsrechte, besonders bezüglich des Gerichtsstandes, den Fakultäten zur Entscheidung vor-

gelegt und nach römischem Rechte erledigt. Der Inquisitionsprozeß hat längst in den bürgerlichen Gerichten Eingang gefunden, er ist von Kaiser Karl V. seit 1532 gemeinrechtlich anerkannt.

Weit über diese Zeit hinaus erhält sich Oeffentlichkeit und Mündlichkeit im Kriegsprozesse, der durch Jahrhunderte Schritt für Schritt dem bürgerlichen Verfahren gefolgt ist.

Diese Zögerung im Gang des Kriegsprozesses ist zunächst begründet in der Verfassung des Heeres, welches im Reiche und in den Territorien zum größten Teile aus Söldnern besteht; sie erklärt sich ferner aus dem Gemeingeist der letzteren und aus der vorwiegenden Neigung, hergebrachte Vorrechte zu wahren.

Der Kriegsdienst hat längst aufgehört, eine persönliche, unvertretbare Unterthanenpflicht zu sein; sie wird ersetzt durch Reichssteuer und Werbung; Fremde tragen die Waffen; die Verbindung des Heeres mit dem Volke hat sich gelöst.

Diese Lage mußte zur Folge haben, daß sich die Söldner als einen vom Volke losgetrennten besonderen Stand betrachteten, daß die Interessen dieses Standes Einfluß auf Erhaltung des bisherigen Verfahrens übten.

Erst in der zweiten Hälfte des 17. Jahrhunderts verliert sich das Söldnerwesen aus dem Heere; das Heerwesen nimmt statt des privatrechtlichen einen staatlichen Charakter an.

Die geschichtliche Entwicklung läßt schon jetzt den Schluß zu, daß die Standesinteressen nur dann entscheidenden Einfluß auf das Strafverfahren gewinnen können, wenn die Sonderung des Heeres vom Volke eingetreten ist. Dieser Zustand kann zur Emanzipation von der allgemeinen Rechtsordnung führen.

Das Strafrecht im Heere steht auch jetzt auf der niederen Stufe des allgemeinen Strafsystems; der Strafprozeß hat sich auf volkstümlicher Grundlage erhalten.

Die letzte Erscheinung im öffentlichen und mündlichen Verfahren ist das Kriegsrecht unter Karl V. und Maximilian II. Es zeigt bereits inquisitorische Beimischung.

1. Malefizrecht.

Gerichtsverfassung.

Bei Errichtung eines Regimentes hatte der Befehlshaber einen rechtsverständigen alten Kriegsmann zu einem Schultheißen auszuwählen, ihm den Gerichtsstab zu übergeben und den Eid abzunehmen, daß er den Stab Gott zu Lobe und der Obrigkeit zu Ehren führen wolle.

Der Schultheiß hatte sich hierauf zwölf geschickte Kriegsleute zu erwählen, die ihm das Recht helfen führen, daneben auch einen Gerichtsschreiber und einen Gerichtsweibel. Mit diesen Zwölfen

soll der Schultheiß beschwören, daß sie wollen urteilen ohne Unter=
schied des Standes, ohne Gunst, Haß und Neid.

Auch Gerichtsschreiber und Gerichtswebel wurden auf ihre
Amtspflicht beeidigt.

Die zwölf Richter sollen dem Schultheiß in allen billigen
Sachen gehorsam und unterthänig sein.

Kein Richter soll die Besetzung ohne Erlaubnis bei Strafe
eines Gulden verlassen; dieselbe Strafe ist dem Schultheiß zu
entrichten, wenn ein Richter ohne entschuldbaren Grund nicht zur
rechten Zeit erschiene.

Für meineidig wird gescholten, mit dessen Wissen ein Un=
ehrlicher in Rechten säße.

Aufstehen nach Verbannung des Rechtes ist mit einem Gulden
strafbar; dieselbe Strafe büßt jener, der dem Schultheiß einredet
oder zuspricht, auch jener, der dem Andern in seine Rede fällt.

Eine jede Umfrage im Rechten gibt dem Schultheiß ein
Marzel und vom Artikelsbrief einen halben Gulden; ebensoviel
dem Schreiber.

Nach Verbannung des Rechtes soll jede Partei dem Schultheiß
ein Marzel auflegen, das sind zwei Batzen und ein Schrecken=
berger.

Von einem jeden Malefizrecht ist man schuldig dem Schultheiß
einen Gulden, dem Gerichtsschreiber und dem Gerichtswebel je einen
halben Gulden.

Für einen versiegelten Brief, sei es ein Urteil oder schrift=
liches Zeugnis, schuldet man dem Schultheiß einen Gulden, dem
Schreiber einen halben Gulden.

Aus Depositen an Geld, Gut oder Kleinodien, hinterlegt bei
dem Schultheiß unter dessen Haftbarkeit, verfällt demselben der
zehnte Gulden.

Wer ein öffentliches Recht begehrt, soll dem Schultheiß
geben von einem Rechtstag einen Dukaten, dem Schreiber einen
halben Dukaten, dem Webel einen Gulden und jedem Gerichts=
mann einen dicken Gulden; ebenso den zweiten und dritten Rechtstag.

Verfahren.

Wenn der Schultheiß mit den Gerichtsleuten versammelt ist,
so sollen sie auf öffentlichem Platze unter blauem Himmel die
Gerichtsbänke setzen und mit dreien Trommeln umschlagen lassen;
welche nichts zu verrichten haben und wollen dem kriegsordentlichen
Malefiz zusehen oder hören, soll ihnen ungewehrt sein.

Alsdann soll der Schultheiß zu acht Uhren, nicht langsamer
oder früher, das kaiserliche göttliche Recht anfangen.

Es folgen die üblichen sieben Umfragen des Schultheiß an
die Gerichtsleute, einen um den andern.

Nach diesen Umfragen erfolgt die Verbannung des Rechtes im Namen Gottes, im Namen Kaiser Karl V., ferner des Durch= lauchtigsten Fürsten und Herrn, des Feldmarschalls, des Obersten; endlich von wegen der Gewalt und des Stabes, so der Schultheiß durch den Obersten überliefert erhielt.

Weiter verbietet der Schultheiß das Zusprechen jedermann außer dem eingedingten Vorsprecher, das Aufstehen ohne Erlaubnis, das Rühren an Wehr oder Kleidern bei Strafe eines Gulden.

Es folgt hierauf der Vorruf des Beschuldigten durch den Webel.

Ein jeder Kläger und Beklagter soll einen Vorsprecher aus dem Rechten begehren; erscheint es bedenklich, daß ein Richter urteilen und auch vorsprechen soll, so wird auch sonst ein ehrlicher Mann, außer dem Rechten, als Vorsprecher zugelassen. Dieser soll die Sache nach Weile vorbringen, damit er verständige Worte mache und nicht irrig werde.

Begehrt ein Beklagter Aufschub auf den andern oder dritten Rechtstag, damit er Zeugnis und Beweis zu seinem Besten mit= bringen könne, so muß auf Umfrage des Schultheiß hierüber mit Recht erkannt werden.

Der Profoß bittet um einen Vorsprecher, damit er seine Anklage recht anbringen möge; dies wird ihm vom Schultheiß gewährt; der Profoß kann zwei oder drei Mann in seinen Rat begehren, mehr nicht. Diese Beistände erheben sich mit Erlaubnis des Schultheiß und begeben sich aus dem Recht zum Profoß.

Hierauf muß auch der Angeklagte um einen Vorsprecher und Beistand bitten.

Der Profoß soll sich mit seinem Beistand allein an einen Ort begeben, wo sie sich beratschlagen; alsdann tritt er vor Recht und bringt seine Klage vor.

Desgleichen wird der Gefangene in geschlossenen Banden durch den Steckenknecht an einen besonderen Ort geführt, wo er sich allein mit seinem Vorsprecher berät und hierauf vor Recht Gegenantwort auf die Klage vorbringt.

Der Gerichtsschreiber soll Klage und Antwort mit Fleiß auf= schreiben, daß es mag öffentlich dem Volke vorgelesen werden im Rechten.

2. Reiterrecht.

Die Bestellung und Besetzung des Reiterrechtes ergibt sich aus der kaiserlichen und des heiligen Reiches Reiterbestallung im Reichsabschied vom Jahre 1570.

Der Feldmarschall soll einem erfahrenen Kriegsmann von Adel die Aufsicht auf die Justiz und das Reiterrecht übertragen und ihm einen beeidigten Schreiber beigeben.

Wenn ein Reiterrecht stattfindet, soll es ausgeblasen oder sonst den Parteien ordentlich verkündet werden.

Hierauf soll der Feldmarschall das Recht mit einem Obristen, drei Rittmeistern, drei Lieutenants, drei Fähnbrichen und drei Rottmeistern besetzen; das Recht soll verdoppelt werden, wenn die Truppe stark ist oder wenn es sich um wichtige Ehrensachen handelt.

Diese Personen sollen sich in oder vor dem Feldmarschalls=Losament versammeln, dem Feldmarschall wird, wenn er sich dahin begibt, ein bloßes Schwert vorgetragen und zur größeren Entsetzung mit einer Trompete vorgeblasen; die Richter folgen paarweise. Der Feldmarschall legt sein Schwert vor sich auf den Tisch, wo auch der Bestallungsbrief sich befindet.

Mit Handgelöbnis sagen die Richter ein gerechtes Urteil zu.

Der Feldmarschall hält die gewöhnlichen Umfragen und verbannt hierauf das Recht.

Wenn das Urteil gesprochen wird, soll der Feldmarschall das Schwert in die Hand nehmen und die Spitze über sich kehren; desgleichen sollen die Richter auch thun und dieweilen die Umfrage geschieht und das Urteil geht, die Spitze der Schwerter unter sich; hienach aber, wenn das Urteil verlesen wird, sollen sie die Spitzen über sich kehren; nach Verkündung des Urteils wird der Stab gebrochen.

Die Urteile der Reiterrechte mußten in das Rechtsbuch eingetragen und mit des Feldmarschalls Siegel versehen werden; es wurden zwei Kopien gefertigt: eine für die kaiserliche, die andere für die churfürstlich Mainzische Kanzlei zum Zwecke künftigen Gebrauches.

3. Standrecht.

Das Standrecht, so genannt, weil die Richter die Sache in kurzer Zeit, im Kreise stehend, mündlich abmachten, fand nur statt, wenn der Thäter über einem militärischen Verbrechen betreten wurde.

Das Standrecht wurde sofort an dem Tage der Uebertretung des Artikelbriefes von gewissen dazu erwählten Richtern gehalten, das Urteil gesprochen und vollzogen; der Thäter wurde arquebusiert oder an einen Baum gehenkt; die Ursache aber auf einen Zettel geschrieben, welcher dem Gerichteten auf die Brust geheftet wurde.

Die Verbrechen, welche standrechtlich abgeurteilt wurden, sind: Flucht vor dem Feinde, Verrat, Erregung von Furcht, Verübung grober Exzesse, deren Bestrafung keinen Aufschub leidet, im Felde und in den Besatzungen.

Bei diesem Gerichte wurden keine ordentlichen Akten gehalten.

II. Abschnitt.

Der Kriegsprozeß als Inquisitionsverfahren mit Heimlichkeit und Schriftlichkeit.

1. Kapitel.

Das 17. und 18. Jahrhundert.

(Ludovici, Kriegsprozeß. — Friccius, Geschichte des deutschen, insbesondere des preußischen Kriegsrechts, Berlin 1848. — Roßhirt, Strafrecht. — Schröder, Rechtsgeschichte. — Poezl, Bayer. Verfassungsrecht, 3. Auflage, München 1860. — Milbiller, Deutsche Geschichte.)

§ 9. Staatswesen.

Das kaiserliche Ansehen war durch den westfälischen Frieden tief gesunken.

Jeder Reichsstand hatte Landeshoheit und das Recht erhalten, Bündnisse einzugehen, Krieg zu führen und Frieden zu schließen, soferne dies nicht zum Nachteile des Reiches war; den Reichsständen wurde der Anteil an den wichtigsten Majestätsrechten eingeräumt; sie hatten mit den Reichsstädten ein entscheidendes Stimmrecht in den Reichstagen. Der Reichstag vom Jahre 1653 hatte ihnen das Recht zugestanden, den Unterthanen so viele Steuern aufzulegen, als die pflichtmäßige Mitwirkung zur Verteidigung des Reiches erheischte.

Der Reichstag, welcher den Stand der Bürger und Bauern nicht vertrat, übte nicht mehr den früheren günstigen Einfluß. Er verwandelte sich in einen Fürsten- und Freistaatenkongreß mit selbständigem gesetzgebendem Charakter.

In Deutschland standen sich nicht nur einzelne Häuser, sondern ganze politische Körperschaften feindlich gegenüber; so das Kollegium der Kurfürsten mit immer steigenden Anforderungen und die Fürstenhäuser; die geistlichen und weltlichen Bänke; die nun als politische Persönlichkeit anerkannte evangelische und katholische Kirche.

Nicht einmal der Landfriede wurde gehalten; geringe Streitsachen schlugen in Fehden aus; Anmaßung wurde mit Feuer und Schwert durchgeführt.

So konnte Ludwig XIV. von Frankreich es wagen, die Befriedigung seines Ehrgeizes in Deutschland zu suchen. Der Kaiser,

in den eigenen Staaten von den Türken bedroht, mußte es ge=
schehen lassen.

Successionsstreitigkeiten und Gebietsansprüche, Mißgunst auf
die Machtentwicklung Preußens führten Verwicklungen unter den
Mächten herbei.

Noch vor Ablauf des 18. Jahrhunderts hatte Frankreich,
durch die Schwäche Deutschlands zur Erneuerung des Krieges er=
mutigt, das Uebergewicht erlangt; die Folgen dieser politischen
Vorgänge für Heerwesen und Gesetzgebung traten erst zu Anfang
des 19. Jahrhunderts auf.

Die Stellung Bayerns zum Reiche wurde dadurch bestimmt,
daß es Reichsthronlehen und seit dem Jahre 1624 Kurfürstentum war.

Die Pflichten und Lasten auf Grund der Reichsverfassung
bestanden in Anerkennung des Kaisers als Lehensherrn; in Stellung
des Kontingents zur Reichsarmee; in Entrichtung der ordentlichen
und außerordentlichen Beiträge zur Deckung der Reichsbedürfnisse
unter der Bezeichnung Kammerzieler und Römermonat. (Milbiller
S. 314 ff. Poezl, bayer. Staatsrecht, § 4.)

§ 10. Rechtszustand.

Bei dem ständigen Reichskammergericht als höchster Instanz
konnte man Recht gegen die Reichsstände suchen.

Der Reichshofrat, hauptsächlich für österreichische Angelegen=
heiten bestimmt, wurde bald nicht nur in kaiserlichen Reservat=
fällen, sondern auch in anderen Reichssachen, selbst in reichs=
ständischen Rechtshändeln in Anspruch genommen. Seine Kompetenz
dehnte sich so weit aus, daß er Beschlüsse erließ, welche früher
nur dem Kaiser nach Einholung des Fürstenrates zustanden.

Der Kammergerichtsprozeß galt als subsidiäre Norm laut
Reichsabschied vom Jahre 1654.

Was die legislatorische Thätigkeit anbelangt, so besaß
Bayern schon seit dem Jahre 1616 eine das gesamte Rechts=
gebiet umfassende Landesgesetzgebung; in der Malefizordnung des
genannten Jahres wird der Inquisitionsprozeß bereits als der
fast allein übliche bezeichnet.

Dieses bayerische Statutenbuch, welches die zerstreuten
Materien gesammelt hatte, wurde später den Justizdikasterien und
Landschaftsverordnungen zur Decision vorgelegt und in den Jahren
1751 bis 1756 revidiert.

Zuerst erschienen im Jahre 1751 die neu verbesserten kur=
bayerischen Kriminalrechte, ein peinliches Gesetzbuch, ruhend auf
dem Grundsatze der Abschreckung; es regelt Strafrecht und Straf=
prozeß als Anfang einer Gesamtrevision des vaterländisches Rechtes.

Diesem Kriminalkodex folgte im Jahre 1753 eine Gerichts=

ordnung und im Jahre 1756 das bayerische Landrecht, sämtliche Werke von Kreittmayr.

Außerdem sind noch zu erwähnen: die neue Kriminalordnung für die Brandenburgischen Lande vom Jahre 1717; die österreichische Theresiana vom Jahre 1769 nach Art des bayerischen Kriminalkodex; das allgemeine Gesetz Josef II. über Verbrechen vom Jahre 1787.

Der deutsche Strafprozeß entwickelte sich weiter.

In den letzten Zeiträumen hatte es sich darum gehandelt, aus dem Chaos der Rechte ein System zu schaffen, um eine gemeinrechtliche Basis zu gewinnen.

Die C.C.C. hat diese Aufgabe erfüllt, indem sie zugleich die Ausbildung und Vollendung ihres Werkes dem Einfluß der Oberhöfe und den Erfolgen der Wissenschaft überließ.

Den bedeutendsten Einfluß übte der Schöppenstuhl in Leipzig; er gab den Anstoß zur Umgestaltung des Kriminalrechtes durch einen seiner Beisitzer, Benedikt Carpzow (1595—1666); er verwertete in den practica nova das Resultat seiner reichen Erfahrungen für ganz Deutschland. Sein Werk ist eine Ergänzung der Carolina; es stellt in drei Teilen das ganze Gebiet des Kriminalrechtes für die Praxis dar: die beiden ersten Teile enthalten die Lehre von den einzelnen Verbrechen, die dritte die Lehre vom Prozeß.

Carpzow übte großen Einfluß auf Begründung eines wissenschaftlichen Inquisitionsprozesses; sein System wurde die Grundlage der neueren Gesetzgebung. Charakteristische Momente desselben sind: Unterscheidung zwischen General- und Spezialinquisition; Grundlage des Beweises ist die Ueberzeugung des Richters durch sinnliche Wahrnehmung; Entwicklung der Lehre vom Thatbestand; Geständnis, Ueberführung durch zwei Zeugen sind juristisch vollkommener Beweis; wo diese Beweismittel fehlen, besteht nur ein unvollkommener Beweis, welcher nicht zur Verurteilung, sondern nur zur Tortur führt. Als Rechtsmittel benennt Carpzow die „weitere Verteidigung" als Ersatz für die Appellation, deren Einlegung bei den Reichsgerichten unzulässig war, jetzt aber nach dem neuen System der Schriftlichkeit und juristischen Beweistheorie ausführbar erschien.

Auch führt Carpzow den Kontumazialprozeß wegen Flucht durch.

Der Strafprozeß zerfällt in drei Stadien: die Information ohne Beweiserhebung mit summarischem Verhör der Auskunftspersonen und des Verdächtigen; die Generalinquisition mit dem Zwecke, sich von der Existenz des Verbrechens zu überzeugen und genügende Anzeigen gegen den Thäter zu gewinnen, um ihn der Spezialinquisition zu unterziehen; diese soll das Verbrechen und die Teilnahme des Angeschuldigten durch Untersuchung feststellen.

Carpzows System stand fest, so lange die Tortur nicht an=
gegriffen wurde; die Abschaffung derselben mußte eine gänzliche
Veränderung des Prozesses herbeiführen.

Der Angriff ging von Italien aus; dorther kamen die Re=
formen Beccarias, welche den Kriminalprozeß samt dem Straf=
system erschütterten.

Als Grundsätze stellt er auf: Abschaffung der Tortur: ohne
klares Gesetz sei die öffentliche Gewalt zu keiner Strafverfügung
berechtigt; die Anwendung des Gesetzes soll öffentlich geschehen,
heimlichen Angebern solle man nicht trauen: übrigens solle der
Prozeß kurz und an Termine gebunden sein; im Beweisverfahren
müsse die gewöhnliche Logik allein vermitteln; Tortur, Reinigungseid
fallen weg; keine suggestiven oder kaptatorischen Fragen; die Strafe
solle nach den Umständen billig bemessen sein, das System der
Strafübel verschwinden.

In vielen deutschen Ländern und Städten erfolgten Ab=
änderungen des bestehenden Rechtes durch sogenannte Korrektiv=
gesetze mit humanen zeitgemäßen Prinzipien.

Zuweilen wurde die Tortur und der Reinigungseid aufgehoben.

In Deutschland strebte man nach Systemen und Aufnahme
derselben in Kompendien.

In Preußen war die legislatorische Thätigkeit im Gebiete
des Kriminalrechts rege geworden; von Einfluß waren die An=
sichten der Praktiker, wie Karl Friedrich Klein.

Unter Friedrich Wilhelm war im Jahre 1717 eine neue
Kriminalordnung für die Brandenburgischen Lande im Sinne
Carpzows erlassen worden, welche an der Carolina, an den Juristen=
fakultäten und den Schöppenstühlen festhielt.

Durch Edikt vom 29. April 1721 wurde ein Kriminal=
kollegium errichtet.

Friedrich der Große schaffte die Tortur ab. (Roßhirt I § 181 ff.)

§ 11. Heerwesen.

(Gnügen, Kriegsrecht. — Müller, Preuß. Kriegsrecht. — Moser, Europ.
Völkerrecht.)

1. Heeresverfassung.

Im dreißigjährigen Kriege hatte die Aussicht auf Beute
schnell große Heere aufgebracht; Raub und Plünderung waren
zugleich die Mittel zu ihrer Erhaltung.

Diese Soldheere wurden von ihren Feldherren, wie Mans=
feld, Christian von Braunschweig, Wallenstein geworben und wieder
entlassen. Durch den großen Einfluß Gustav Adolfs, den dieser
auf Disziplin und Technik ausübte, hatte sich dieser Zustand gebessert.

Doch blieb noch das Werbesystem mit seinen Mißständen; man ging dahin, wo man neben hohem Solde am angenehmsten lebte. Die Folge war eine maßlose Vermehrung des Ueberlaufes von einer Truppe zur anderen, ja von einem Gegner zum anderen. Nebenbei fielen noch häufige, jedoch milder beurteilte Desertionen in die Heimat vor; den Anlaß hiezu suchte man nicht selten in dem Benehmen der Vorgesetzten.

Bei Beginn des 18. Jahrhunderts hatten drei hessische Infanterie-Regimenter mit einem Etat von je 8 bis 900 Mann durch Desertion 181 Mann verloren, während der Verlust vor dem Feinde nur 8 bis 10 Mann betrug. (Deutsche Heereszeitung 1885. Nr. 98.)

Die Werbung war Ausfluß der Landeshoheit; sie durfte daher nicht auf fremdem Gebiete eigenmächtig und zwar bei Strafe des Stranges vorgenommen werden. Es durfte bei der Werbung nicht Betrug und Hinterlist noch Zwang stattfinden, außer gegen Bettler, Müssiggänger und Wildschützen.

Die Angeworbenen wurden auf die Kriegsartikel beeidigt und erhielten Handgeld. Nach der Rückkehr hatte der Werbeoffizier Rechnung zu stellen; es sei denn, daß man auf eine gewisse Anzahl Rekruten für eine benannte Summe mit ihm akkordiert hatte. (Müller, Preuß. Kriegsrecht, S. 107. Gnügen, Kriegsrecht, § 110.)

Im Laufe des 18. Jahrhunderts dienten Werbung und strafweise Einstellung als Mittel zur Ergänzung der stehenden Heere.

Im äußersten Notfalle hatte man den allgemeinen Landaufbot; er erstreckte sich bald auf alle Waffenfähige, bald nur auf den zehnten oder fünften Mann. (Müller, Kriegsrecht, S. 80.)

Durch den besonderen oder niederen Aufbot wurden nur eine oder mehrere benachbarte Gemeinden zur Erhaltung der öffentlichen Sicherheit, Tilgung großer Feuersbrünste u. dgl. aufgerufen; das Recht hiezu kam nicht nur der Landesherrschaft, sondern auch niederen Obrigkeiten zu.

In Bayern war jeder Unterthan zur Landesdefension in Notfällen verbunden; durch die Auswahl formierte die Landesherrschaft die Landfahnen, so genannt, weil meistens aus Landleuten bestehend. Sie erhielten keinen Sold und hatten keine besonderen Kriegsartikel; militärische Vergehen wurden gelinder als bei der regulären Miliz bestraft, sie standen in Sachen, welche den Fahnen nicht betreffen, unter der Zivilobrigkeit.

Durch Generalmandat vom 11. April 1767 wurde die Militärauswahl aufgehoben und in eine Hof- oder Rekruteneinlage umgewandelt.

Das Mandat bestimmt die Anwerbung Freiwilliger und

3*

belegt für die Werbungskosten jeden ganzen Hof mit drei Gulden; früher waren für Befreiungen dreißig bis sechszig Gulden an die Kriegskassen erlegt worden.

2. Kriegsrecht.

Das deutsche Kriegsrecht dieses Zeitraumes verdankt seine Fortbildung hauptsächlich dem Einflusse der Gesetzgebung Gustav Adolfs auf das preußische und das Heeresstrafrecht der übrigen protestantischen Staaten. Das schwedische Kriegsrecht bestand aus sechs Teilen; der erste enthielt die Kriegsartikel, der zweite die General- und Obergerichtsordnung; es bestanden hienach Ober- und Untergerichte, ein Generalkriegsgericht. Die Rechtspflege wurde durch einen selbständigen General-Auditeur überwacht.

Weitere Kriegsordnungen waren:

Christian IV. von Dänemark Kriegsgerichts-Instruktion; Christian Albrechts schleswig-holsteinische Militär-Gerichtsordnung; königlich preußisches Reglement des Militär-Konsistoriums.

Fast die gesamte Litteratur, als Kriegsrecht, Kriegsprozeß, Schultheißenspiegel u. s. w., geht von den protestantischen Staaten, besonders von Brandenburg, Braunschweig, Sachsen aus.

Weitere Momente der Fortbildung sind:

Der Einfluß Carpzows, der Verkehr mit Fakultäten und mit dem Schöppenstuhl in Leipzig.

Von den Kriegsartikeln dieser Periode, welche Einsicht in das Kriegsrecht mit seinen Strafmitteln gewähren, sind zu er- wähnen: Die Artikelsbriefe der Reichsvölker vom Jahre 1672, revidiert im Jahre 1682; dänische Artikelsbriefe vom Jahre 1683; preußische Kriegsartikel vom Jahre 1713; bayerische Kriegsartikel vom Jahre 1716, erneut im Jahre 1746. Diese von den Staaten erlassenen Kriegsartikel waren, nachdem das Heerwesen den privat- rechtlichen Charakter verlassen und sich auf staatsrechtlicher Grund- lage aufgebaut hatte, an Stelle der Artikelsbriefe getreten.

Diese Artikel stimmen in den wesentlichsten Punkten überein; sie enthalten meist allgemeine Bestimmungen über Standespflichten, Verhalten nach Völkerrecht, auch über Ausrüstung, Verpflegung, Quartier, Service, Musterung, Verabschiedung, ferner einen be- sonderen strafrechtlichen Teil mit Behandlung der Reate.

Die Kriegsartikel bilden die Grundlage für das Urteil, sie sind nicht bloß Rechtsnorm, sondern auch Rechtsquelle; ein Glied in der Rechtsentwicklung; in ihrer Anlage lassen sich die alt- germanischen Grundformen des Treubruches an der Nation und dem Heere, Verrat und Herislitz, ferner des Friedensbruches er- kennen; um sie gruppieren sich alle anderen Verbrechen.

Als weitere Rechtsnormen kommen in Betracht: Kriegsrats- ordnungen und geschriebene Kriegsgesetze, in Ermangelung davon auch besondere und gemeine Kriegsgebräuche und Gewohnheiten; sodann subsidiär die Generallandesstatuten des Kriegsherrn und eventuell das gemeine Recht.

Fremde Kriegsartikel sind zwar kein Gesetz, dienen aber zur Erläuterung der eigenen; aus ihnen ergeben sich die allgemeinen Kriegsgebräuche.

Unter das gemeine Militärrecht zählt man das Natur- und Völkerrecht, die Reichskonstitutionen und das römische Recht. Das Völkerrecht schlichtet die Militärdifferentien zwischen den krieg-führenden Mächten unter dem Namen der Kriegsmanier. (Moser, Europ. Völkerrecht.)

Zum öffentlichen Recht gehört auch Kriegs- und Waffen-recht; die Ursachen des Krieges, die davon abhängenden Rechte gegen In- und Ausländer; Neutralität, Waffenstillstand; auch der Friede und die hierauf abzielenden Alliancen, Hilfs- und Subsidien-traktate.

3. Strafverfahren.

Das Strafverfahren hat sich vollständig umgewandelt.

Als der Charakter der römischen Nation schlaff und welk zu werden begann, neigte er sich dem heimlichen und schriftlichen Verfahren zu; die Rechtspflege zog Schranken um sich und ließ nur Bevorzugte ein.

Die Umstände, welche das Eindringen des Inquisitions-prozesses in die deutschen bürgerlichen Gerichte begleiteten, waren: Minderung der Macht des Staatsoberhauptes gegenüber schranken-loser landesfürstlicher Gewalt: Steigerung des Partikularismus; Belastung des Volkes; Unterdrückung des Volkswillens; Zerrüttung der Rechtspflege; ein grausames Strafensystem.

Die Geschichte selbst liefert den Nachweis, daß der Inquisitions-prozeß eine Erscheinung außerordentlicher Verhältnisse in Staat und Heer ist.

Auch das Heerwesen mit dem Mangel an Gemeingeist, bei geringer Disziplin mit dem Werbesystem und seinen Mißständen mußte sich dem Inquisitionsverfahren beugen; aus dem altdeutschen Prinzip erhielt sich lediglich das Institut der Geschwornen und der Grundsatz, daß man nur von seinesgleichen gerichtet werden könne.

Das ganze Verfahren ist nunmehr heimlich und schriftlich; die Untersuchung muß so vollständig durchgeführt werden, daß auf Grund der geschlossenen und im Verhandlungstermine ver-lesenen Akten das Urteil gefällt werden kann.

Der ganze Prozeß konzentriert sich in der Person des Auditors; er ist zugleich Ankläger und Verteidiger, Inquirent und Referent; er leitet das ganze Verfahren. Es bildet sich das Prinzip der

Gerichtsherrlichkeit aus; der Gerichtsherr ordnet die Untersuchung an, bestellt und besetzt die Gerichte. Das Urteil ist lediglich Gutachten, die Rechtskraft hängt von der Bestätigung ab. — So konnte das neue Verfahren in den Händen eigenmächtiger Charaktere ein Mittel zur Pflege des militärischen Absolutismus werden.

Bald zeigte sich auch das der Heimlichkeit eigene Streben nach Absonderung in der Konsolidierung der Gerichtsbarkeit auf Familien und Gesinde und alle Personen, welche zu dem Heere in geschäftliche oder dienstliche Beziehung traten.

Auch im Inquisitionsprozeß machte sich die „Willkür" geltend.

In das Verfahren, welches in seinem ganzen Verlaufe dem Einfluß von Laien unterlag, wurde die Handhabung und Förderung der Disziplin hereingezogen, jedoch nicht in der berechtigten Form der Unterordnung, sondern in jener der sklavischen Unterwürfigkeit.

Es ist durch den preußischen Generalauditeur Friccius nachgewiesen, daß Angeklagte gar nicht vernommen oder auf Befehl von Generälen durch unerlaubte Mittel zum Geständnis gezwungen wurden. (Friccius S. 205.)

Manche Befehlshaber gingen in Verkennung der besseren Seiten des Prozesses gänzlich über das vorgeschriebene Verfahren hinweg und ließen es auf i h r e Weise durchführen. Hiezu kam die Neigung einzelner Monarchen, in konkreten Fällen persönlich in den Geschäftsgang der Behörden einzugreifen. Die Stimme der Auditeure erhob sich vergebens gegen diese Uebergriffe.

§ 12. Kriegsprozeß.

A. In Deutschland.

1. Gerichtsstand und Gerichtsverfassung.

Die Justizhoheit steht dem Landesherrn zu; er läßt sie in der Armee und bei jedem Regimente durch Befehlshaber ausüben; der Gerichtszwang in peinlichen sowohl, als bürgerlichen Sachen steht dem Obersten oder an dessen Stelle den im Range nächsten Befehlshabern zu; von Kapitänen können vorläufige Verhaftungen vorgenommen und geringere Strafen verhängt werden.

Ungenügende Justizverwaltung durch einen Obersten hat die Entziehung der Jurisdiktion zur Folge.

Das Recht des Vollzuges des Urteiles steht bei den kaiserlichen Truppen dem Obersten zu; doch ist dieser Gebrauch kein allgemeiner, sondern es unterliegen die Urteile auf Leib- und Lebensstrafe der Bestätigung durch das Generalauditoriat.

Das Recht der Begnadigung steht den Obersten des kaiserlichen Fußvolkes aus kaiserlicher Vergünstigung zu; im allgemeinen ist es Reservatrecht des Fürsten.

Ueber jene Personen, welche nicht unter der Regiments=
gerichtsbarkeit stehen, hat der Generalfeldmarschall oder der sonst
bei den Truppen kommandierende General den Gerichtszwang.

In Festungen steht er dem Gouverneur, in dessen Abwesen=
heit dem Kommandanten zu; nebenbei behalten auch die Obersten
der Feldregimenter ihre Jurisdiktion; sie sollen aber von der be=
vorstehenden Exekution dem Kommandanten Nachricht geben.

Alle bisher aufgeführten Gerichtsherren müssen die Gerichts=
barkeit durch ordentlich besetzte Kriegsgerichte ausüben. (Ludovici
cap. I.)

Was den Gerichtsstand betrifft, so müssen die Soldaten
bei den Kriegsgerichten belangt werden; sie sind weder als Be=
klagte noch als Zeugen vor einem Zivilgerichte zu erscheinen
schuldig; den Zivilbehörden steht nur das Recht zu, den bei Ver=
übung eines Verbrechens betroffenen Soldaten vorläufig zu ver=
haften und dann auszuantworten. (Reichsabschied vom Jahre 1641;
brandenburgisches Edikt vom Jahre 1665.)

Die Ortsobrigkeit darf nur dann einschreiten, wenn die
Soldaten sich in bürgerliche Nahrung mischen wollen, z. B. durch
Ausschank von Bier oder Betrieb eines Gewerbes.

In Streitigkeiten zwischen Soldaten und Bürgern soll der
beiderseitige Gerichtsstand keine Aenderung erleiden; nur soll bei
den Verhören der Zivilgerichte ein Offizier, bei jenen der Kriegs=
gerichte ein Beamter zugegen sein.

Der Militärgerichtsbarkeit sind außer den Soldaten
alle jene unterworfen, welche der Armee folgen: Freiwillige, Marke=
tender, Huren, der Troß, Buben; ferner die Stabspersonen: Feld=
prediger, Sekretäre, Kommissäre, Feldärzte und Apotheker; Roß=
täuscher, Soldatenweiber, Knechte und Aufwärter.

Die Defension und Landmiliz steht unter ihrer ordentlichen
Obrigkeit, es sei denn, daß sie im Felde oder Lager sich befände.

Die Königlich preußische Armee hatte ein eigenes Militär=
konsistorium; dieses wurde schon im Jahre 1692 durch den Kur=
fürsten Friedrich von Brandenburg eingesetzt; es diente zur Auf=
sicht über die Feldprediger sowie zur Erledigung kirchlicher und
geistlicher Angelegenheiten, der Konsistorialsachen. Ein vollständiges
Reglement des Militärkonsistoriums wurde im Jahre 1711 publiziert;
letzteres wurde aus einem General, einigen Stabsoffizieren und
Feldpredigern zusammengesetzt; unter diesem Konsistorium standen
alle Garnison= und Feldprediger; auch die Militärpersonen hin=
sichtlich ihres religiösen und moralischen Verhaltens; es urteilte in
Ehesachen und über das Verbrechen der Gotteslästerung.

Solche geistliche Kriegsgerichte bestanden auch in der schwedischen
und dänischen Armee. (Ludovici cap. II. S. 16 ff., Schwedische
Kriegsartikel von 1683.)

Die Sachen, welche unter die Kriegsjurisdiktion gehören, sind entweder geistliche, bürgerliche oder peinliche.

Erstere werden, wo ein Militärkonsistorium nicht besteht, durch die ordentliche geistliche Obrigkeit entschieden.

Die bürgerlichen Sachen, welche aus einer geschlossenen Handlung oder aus einem Vertrage, z. B. Darlehen, Kauf, Tausch, herrühren, gehören vor die Regimentsgerichte.

Der Gerichtsstand vor den Kriegsgerichten schließt jenen des Wohnortes und des Ortes der Vertragserfüllung aus.

Die aus einem dinglichen Rechte, wie Eigentum, Dienst= gerechtigkeit, entspringenden Klagesachen können bei der ordentlichen Obrigkeit an dem Orte der gelegenen Sache angebracht werden, wenn sie unbewegliche Sachen betreffen.

Die peinlichen Sachen sind entweder gemeine, wie Dieb= stahl, Ehebruch, oder militärische, wie Desertion, Ungehorsam; letztere gehören vor die Kriegsgerichte. Was die gemeinen Reate betrifft, so hat diese Frage einen regen Verkehr mit Juristen= fakultäten, denen man streitige Punkte zur Entscheidung vorlegte, angeregt.

Viele Rechtslehrer, darunter auch Carpzow, sind für die Kompetenz der bürgerlichen Gerichte, wenn sie den Kriegsgerichten in der Inquisition zuvorgekommen sind. Doch steht dieser Meinung die überwiegende Praxis entgegen; die Juristenfakultät zu Witten= berg bestätigt in einem Gutachten, welches im Jahre 1640 an den Rat von Magdeburg erging, den Gerichtsstand vor den Kriegs= gerichten ohne Unterschied der Verbrechen, wie auch in bürgerlichen Sachen.

Auch der Schöppenstuhl in Leipzig wurde im Jahre 1674 mit dieser Frage befaßt. Die freiwillige Gerichtsbarkeit, wie Auf= nahme von Testamenten, Inventaren, wird, wenn keine besonderen Verordnungen bestehen, von den Regimentsauditoren vorgenommen.

Die schwedischen und dänischen Gerichtsordnungen bezeichnen diese Akte, wenn im Felde aufgerichtet, für viel kräftiger und sicherer, wenn sie vom Generalauditeur verifiziert sind. (Ludovici cap. III. S. 48.)

In der Gerichtsverfassung hat sich die Einteilung in Ober= und Untergerichte erhalten. Sie fungieren teils als erste und zweite Instanz, teils sind die Obergerichte ausschließlicher Gerichtsstand für bestimmte Personen und Sachen.

Nach der schwedischen Gerichtsordnung vom Jahre 1683, nach der dänischen Kriegsgerichtsinstruktion und der holsteinischen Militärgerichtsordnung gehören zur Kognition der Obergerichte in erster Instanz: Majestätsverbrechen, Verrat, thätlicher Angriff auf den Feldmarschall, Anklagen gegen Obersten, gemeinsame Verübung durch ganze Abteilungen; in zweiter Instanz: Zivilsachen, vom

Untergericht abgeurteilt, die den Wert von 200 Thalern über=
steigen.

Im übrigen gehören alle Sachen, sie mögen zivil oder
kriminell sein, vor die Unter= oder Regimentsgerichte; auch die
höheren Offiziere können sich der Jurisdiktion derselben nicht ent=
ziehen; man kann sie aber auch bei dem Obergerichte belangen.
(Ludovici cap. IV. S. 61.)

Was die Zusammensetzung der Gerichte betrifft, so
expediert der Auditor in bürgerlichen Sachen alles für sich allein
im Namen des Obersten ohne Beisitzer, außer in wichtigen Sachen;
der Bescheid ergeht mündlich oder schriftlich.

In peinlichen Sachen dagegen muß ein ordentliches Kriegs=
recht, Malefizrecht genannt, angeordnet werden.

Die schwedische, dänische und holsteinische Gerichtsordnung
haben gleiche Bestimmungen in Besetzung der Untergerichte durch
einen Vorsitzenden und zwölf Beisitzer, welche vom Oberst aus
den Offizieren, Unteroffizieren und Gemeinen ausgewählt werden.

In den Obergerichten soll der General den Vorsitz führen;
die Beisitzer sind höhere Offiziere, ihre Zahl kann bei wichtigen
Sachen nach der schwedischen Gerichtsordnung verdoppelt werden.

Auch die übrigen Kriegsrechte bestimmen zwölf Beisitzer als
Minimalzahl, welche noch erhöht werden kann; außer dem Präses
und dem Auditor sollen je zwei bis drei Hauptleute, Lieutenants,
Fähndriche, Feldwebel oder Sergenten, Korporäle, vier bis sechs
gemeine Knechte, letztere nicht immer, beigezogen werden. (Ludovici
cap. V. S. 66.)

Die Bezeichnung Feldschultheiß, wie sie schon früher in der
Reichsgesetzgebung vorkommt, ist weggefallen; die Richterbeamten
im Heere heißen seit dem sechzehnten Jahrhundert nach spanischem
Vorbilde: Auditore. Ihre Stellung hat sich je nach Beschaffenheit
des Prozesses und nach der Individualität der Kriegsherren ver=
schieden gestaltet; früher mächtige Vertreter der letzteren wurden
sie im Laufe des Inquisitionsverfahrens lediglich prozeßleitende
und beratende Organe.

Der Wirkungskreis der Auditore ist folgender: Der General=
auditor sitzt im Obergericht und hat hier sein freies Votum; er
expediert alle vor das Obergericht gehörigen Sachen.

Nach der schwedischen Instruktion vom Jahre 1683 hat er
die Aufsicht über die gleichförmige Führung der Rechtspflege; er
hat die Pflicht der Anklage wegen Uebertretung der Kriegsartikel
und anderer Verordnungen; alle Uneinigkeiten zwischen Kaufleuten
und anderen, welche der Armee folgen, sollen durch ihn geschlichtet
werden, sei es durch Vergleich oder durch ordentlichen Prozeß; er
soll täglich durch den Generalgewaltigen von allem, was in der
Armee vorgeht, Nachricht erhalten: Kriegsgefangene und Ueber=

läufer hat er zu examinieren; auf alle Personen, die sich bei der Armee aufhalten, zu achten; er hat das Recht, die Garnisonen oder die Winterquartiere zu besichtigen, um die Rechtsordnung aufrecht zu erhalten; er hat Aufsicht über Maß und Gewicht: über Fiskal, Generalgewaltigen, welche ihm zum Gehorsam verpflichtet sind; auch hohe und niedere Offiziere haben ihm, wenn er in Amtsgeschäften hin und wieder reisen muß, Hilfe und Gehorsam zu leisten und sich jeder Beleidigung zu enthalten.

Auch die dänische Kriegsgerichtsinstruktion hat ähnliche Bestimmungen.

Der Regimentsauditeur hat bei den kaiserlichen Fußtruppen ein freies Votum, nicht aber bei den schwedischen und preußischen Truppen. Er hat die Justiz ohne Ansehen der Person zu üben; alles Strafbare dem Haupte des Regimentes anzuzeigen; beim Kriegsrecht die Vota zu sammeln, das Urteil abzufassen; er kann durch Vergleiche entscheiden, Testamente und Verträge aufnehmen, Zeugnisse erteilen.

Der Regiments-Gerichtsschreiber hat die gefaßten Urteile zu beschreiben und zu verlesen; die Korrespondenz zu führen und auch des Obersten Privatschreiben zu expedieren: dergleichen Sekretäre finden sich überall bei den Obergerichten; bei den Regimentern werden sie selten bestellt und muß der Auditor deren Funktionen versehen. (Ludovici cap. V. S. 100.)

2. Von den Personen, deren sich die Kriegsgerichte bei Handhabung der Justiz zu bedienen pflegten.

Der Gerichtswebel hat dasjenige zu verrichten, was sonst den Ratsdienern und Gerichtsboten zukommt; er hat auch Ladungen vorzunehmen und nach der schwedischen Gerichtsordnung auf Erfordern auch die Anklage vorzubringen. Er führt im Gegensatze zu den Schergen und Steckenknechten ein ehrliches Amt.

Ferner bestehen bei der Armee und den Regimentern: Profoßen, Rumormeister, Scharfrichter und Steckenknechte.

Der oberste Profoß heißt auch General-Gewaltiger; er hat ein vornehmes und wichtiges Amt und ist gleichsam der Lieutenant und Spürhund des Generalauditors.

Das Amt desselben und des Regimentsprofoßen besteht in folgenden Punkten:

Verwahrung in Gefängnis und Eisen von solchen, die auf der That betroffen werden; Zuwiderhandlungen bei Amtsverrichtungen sollen am Leben gestraft werden; Aufsicht auf die Marketender, auf Preise und Taxen ihrer Waren, Verhütung von Uebervorteilungen; Recherchen bei vorgefallenen Diebstählen; Verhütung von Bierausschank während des Gottesdienstes.

Alle Verbrechen gegen die Kriegsartikel oder andere Verordnungen sollen, im Falle kein anderer Ankläger vorhanden ist, von den Profoßen angegeben und nach dem Urteil exequiert werden.

Auch steht ihnen die Aufrechthaltung der Lagerordnung in Bezug auf Löschen der Feuer, Aufstellen der Stangen und Kennzeichen, Reinhaltung der Gassen zu.

Die Regimentsprofoßen sind gehalten, den Weisungen des General-Gewaltigers, dem sie früh und abends aufzuwarten haben, nachzukommen. Als Gebühr ist dem letzteren nach der schwedischen Instruktion die Zunge von allem Vieh zu entrichten, welches von den Marketendern geschlachtet wurde.

Wie der Profoß innerhalb des Quartiers oder Lagers, so hat der Rumormeister außerhalb derselben Gewalt zur Verhütung aller Unordnung und Händel; er geht der Armee auf dem Marsche voraus, kontrolliert die Reisenden und verhütet die Plünderung der Quartiere; Verbrecher verhaftet er und übergibt sie dem Generalgewaltiger; in seinem Amte wird er von Mannschaften unterstützt, die ihm zugeteilt sind.

Die Steckenknechte sind des Profoßen Diener; sie übergeben den Gefangenen dem Stockmeister und helfen dem Nachrichter bei der Tortur und Exekution. Der vornehmste von ihnen ist der Stockmeister; er hat die Verwaltung der Gefängnisse und Verwahrung der Gefangenen zu besorgen. (Ludovici cap. VI. S. 109.)

3. Von den Rechten, nach welchen in den Kriegsgerichten gesprochen wurde.

Die Entscheidung bei den Kriegsgerichten erfolgte hauptsächlich auf Grund der Kriegsartikel oder Artikelsbriefe, Bestallung.

Man ließ aber auch die Regeln einer vernünftigen Erklärung zu, ohne schlechterdings bei den Worten zu bleiben, z. B. bei Desertion, welche milder bestraft wurde, wenn der Thäter noch nicht geschworen, kein Handgeld empfangen oder seine Löhnung nicht richtig erhalten hatte.

Unkenntnis der Kriegsartikel kann nicht straflos machen.

Ist ein Fall in letzteren nicht vorgesehen, so ist er nach dem Landrechte zu entscheiden; auch fremde Kriegsartikel waren nicht ausgeschlossen.

Hergebrachte Gebräuche und Gewohnheiten haben auch in Entscheidung der Kriegssachen Verbindlichkeit. (Ludovici S. 135.)

4. Urteil im Kriege ohne vorhergehenden Prozeß.

In der Regel muß dem Urteile eine Untersuchung vorhergehen; das Richten nach eigenem Gutdünken ist dem Befehlshaber nur im Kriege und bei Betreten auf der That erlaubt; dergleichen

Fälle sind: Marodieren, Plündern, unerlaubtes Beutemachen, Fahnenflucht. Nach den Artikelsbriefen Ferdinands II. (1619—1637), nach
jenen der Reichsvölker, nach holländischem, holsteinischem, Züricher
Kriegsrecht stand den Offizieren und jedermann das Recht zu,
den Thäter zu töten. (Ludovici cap. IX. S. 139.)

5. Das Standrecht.

Das Standrecht ist jetzt nicht mehr an die oben angeführten
Förmlichkeiten gebunden, sondern der Auditor stellt den Stand-
richtern die That vor, darauf wird nach kurzem Verhör des Inquisiten das Urteil gefaßt und mündlich eröffnet. (Ludovici
cap. VII. S. 126.)

6. Kriegsprozeß in peinlichen Sachen.

Unter peinlichen Sachen werden jene verstanden, welche
eine Leibes- und Lebensstrafe nach sich ziehen, das ordentliche Malefizrecht im Gegensatze zum Stand- und Spießrecht, bei welchen man
sich nicht an die Prozeßform hält.

Bei dem ordentlichen Malefizrecht wird die Voruntersuchung vom Auditor in Gegenwart von zwei Offizieren geführt,
das Kriegsrecht selbst mit Präses und Beisitzern wird erst zum
Urteilsspruch bestellt.

Der Anlaß zur Untersuchung ist Denunziation und gemeiner
Ruf; doch wird auch öfter ein Ankläger bestimmt, dessen Stelle
insgemein der Generalgewaltige oder Profoß, zuweilen auch der
Kriegsfiskal vertritt. (Schwedische Kriegsgerichtsverordnung.)

Zuweilen wird auch wohl der Gerichtswebel zum Ankläger
bestellt.

Bei dem preußischen Militärkonsistorium sollen, im Falle
keine Kläger sich finden, Feldprediger gegen Priester von übler
Conduite mit der Klage auftreten; so auch nach den königlich
schwedischen Artikelsbriefen, nach der dänischen Kriegsinstruktion
und nach Züricher Kriegsrecht. Gegen Flüchtige, deren man durch
Steckbriefe nicht habhaft werden konnte, wird mit der Ediktal-
Citation verfahren, die jedoch nicht öffentlich angeschlagen, sondern
mündlich unter Trommelschlag verrichtet wird.

Dieselbe hat auch zuweilen gegen ganze selbflüchtige und ab-
trünnige Abteilungen statt.

Bezüglich des Verhörs in letzterem Falle enthält das Branden-
burgische Kriegsrecht ein Formular von Fragestücken, wie sie an
Gemeine und Offiziere zu richten sind.

Die Formel für Gemeine, deren drei oder mehrere aus den
Unterabteilungen des Regimentes zum Verhör gezogen wurden,
enthielt außer den Generalien achtunddreißig Spezialfragen; letztere
beziehen sich auf die näheren Umstände und Ursachen der Flucht,

das Verhalten beim feindlichen Angriff; ob sie denselben erwartet und mit den Waffen erwidert hätten oder schon vorher davon= gegangen seien; wie die Fahnen und Standarten verloren gingen u. s. w.

Die Offiziere hatten sechzehn Fragen zu beantworten; die= selben beziehen sich hauptsächlich auf die ihnen als Führern zu= stehenden Pflichten: Erhaltung der Ordnung im Gefechte, Ver= hinderung der Flucht, Verbleiben im Gefechte trotz leichterer Ver= wundung u. s. w.

Wenn nun der Inquisit nicht geständig ist, so erfordert die Ordnung des Inquisitionsprozesses die eidliche Abhörung der Zeugen zur Ueberführung des Thäters; hierauf schreitet man zur Konfrontation; wenn der Inquisit auch alsdann die That nicht gestehen will, so kommt es zur scharfen oder peinlichen Frage.

Bei wichtigen, dabei aber auch zweifelhaften Sachen kann dem Inquisiten die Defensive nicht abgeschnitten werden; es werden dann die Akten, wenn das Endurteil erfolgen soll, zuweilen an ein Juristenkollegium geschickt nach Inhalt der peinlichen Hals= gerichtsordnung, oder es wird ein ordentliches Kriegsrecht gehalten und hier das Urteil abgefaßt.

Das Urteil, welches der Auditor nach der Abstimmung auf= setzt, enthält auch die Gründe.

In peinlichen Sachen, wenn auf Leib= oder Lebensstrafe er= kannt worden, muß das Urteil vor der Publikation höheren Ortes an die Generalität, um vom Fürsten bestätigt oder geändert zu werden, gesendet und die Verordnung wegen der Exekution erwartet werden.

Diese Akteneinsendung findet im Felde nicht statt; die Exeku= tion erfolgt hier sofort.

Bei den kaiserlichen Truppen findet sich ein Unterschied zwischen den deutschen Regimentern zu Fuß und jenen zu Pferd.

Erstere haben das Recht der Inquisition, der Urteilsprechung und des Vollzuges ohne weitere Remission oder Relation an die höhere Instanz; letztere dagegen müssen vor der Exekution Akten nebst Urteil an das Generalauditoriat remittieren.

Nach der Exekution sind die Akten an den Generalauditeur einzusenden, damit dieselben in guter Verwahrung gehalten werden.

In verschiedenen Kriegsrechten ist es vorgesehen, daß keine Vorbitte wegen Linderung der Strafe der kondemnierten Uebel= thäter geschehen soll. (Schwed. Gerichtsordnung vom Jahre 1683.)

Nur Blutsfreundschaft rechtfertigt die Bitte um Begnadigung; sonst hatte die Vorbitte die Amtsentsetzung zur Folge. (Dänische, holsteinische Gerichtsordnung.)

Wo solche Verbote nicht bestehen, intercedieren die Obersten zuweilen zu Gunsten des Delinquenten.

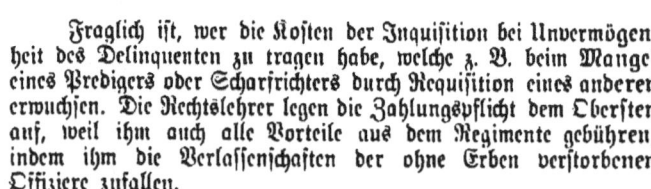

Fraglich ist, wer die Kosten der Inquisition bei Unvermögenheit des Delinquenten zu tragen habe, welche z. B. beim Mangel eines Predigers oder Scharfrichters durch Requisition eines anderen erwuchsen. Die Rechtslehrer legen die Zahlungspflicht dem Obersten auf, weil ihm auch alle Vorteile aus dem Regimente gebühren, indem ihm die Verlassenschaften der ohne Erben verstorbenen Offiziere zufallen.

Mit den Bußen und Strafen, welche bei den Kriegsgerichten eingingen, wurde es verschieden gehalten.

Die schwedische Obergerichtsordnung von Karl Gustav teilt sie in drei Teile, wovon einer dem Könige, der andere dem Ankläger, der dritte dem Richter gehörte; der König überließ seinen Anteil den Befehlshabern. Die dänische Gerichtsinstruktion überweist die Bußen und Geldstrafen an das Kriegshospital zu Kopenhagen; die holsteinische Gerichtsordnung an die Militärarmenkasse.

Die Appellation hat in peinlichen Sachen bei den Kriegsgerichten nicht statt.

An ihre Stelle tritt nach der schwedischen Gerichtsordnung und nach der dänischen Gerichtsinstruktion die Bestätigung der Urteile durch den Feldmarschall, eventuell Begnadigung durch den bei der Armee anwesenden Landesherrn.

Die Einsendung der kriegsrechtlichen Urteile, welche höheren Ortes samt Akten nochmal geprüft werden, erscheint als Ursache der Unzulässigkeit der Appellation. Der Verlauf eines ordentlich besetzten Kriegsrechtes war folgender:

„Der Auditor bedankt sich in dem angesetzten Termine bei den Richtern der Erscheinung halber; zeigt die Ursache der Ladung an, nimmt ihnen den Eid ab; rekapituliert kürzlich die geschlossenen Akten, erinnert, darauf Achtung zu geben, läßt die Akten verlesen oder verliest sie selbst, benimmt die vorkommenden Zweifel, befragt die Parteien, ob sie noch etwas zu erinnern haben; unterrichtet nach deren Abtreten, was Rechtens, appliziert den Artikelsbrief, spricht die Beisitzer um ihre Vota an, bringt sie zu Papier und läßt sie unterschreiben.“

Die Abstimmung geschieht von unten auf, zuerst von den Gemeinen u. s. w. Die Stimmen werden nicht nach Anzahl der Personen, sondern nach Chargen gerechnet; das Urteil wird nach Stimmenmehrheit gefaßt; im Zweifel entscheidet die Stimme des Präses.

Die Abstimmung in peinlichen Sachen muß geheim gehalten werden. (Ludovici cap. V S. 97; cap. VII S. 159.)

Nachstehendes Protokoll eines Kriegsgerichtes über Deserteure vom 17. September 1704, archivalischem Material entnommen, kennzeichnet das Verfahren:

„Nachdem die Inquisitionssache in pto. desertionis der beiden Soldaten Keller und Weitzell vor Ihro Durchl. Prinz Wilhelm

Regiment für beschlossen angenommen und dieselben ihre Desertion eingestehen müssen, ist über dieselbe dieserhalb durch ein ordentlich zusammenberufenes Kriegsgericht sentuieret worden:

Gemeine (2): diktieren den Delinquenten zehnmaliges Gassenlaufen durchs Regiment.

Gefreiten (3): diktieren denselben zwölfmaliges Gassenlaufen durchs Regiment.

Korporals (2): sind der Meinung, daß Weitzell mit zwölfmaligem Gassenlaufen zu bestrafen sei.

Sergeants (2): diktieren Kellern den Strang, Weitzelln die Abschneidung beider Ohren.

Fähnbrichs (2): kondemnieren beide Delinquenten zum Strange.

Lieutenants (2): diktieren beiden den Strang.

Kapitains (2): konformieren sich vorstehenden Votis.

Auditeur: hält dafür, daß beide mit dem Strange zu bestrafen seien folgends deren Kriegsartikulen.

Präses: Konformiert obenstehende vier Vota."

Urteil.

Nachdem in Inquisitionssache der beiden Soldaten Keller und Weitzell sich klärlich gefunden, daß sie ehrvergessenerweise ihren Eid und Pflicht aus den Augen setzend ohne legitime Ursache desertiert; als erkennen die zu dem Kriegsgericht verordneten Präses und Assessors hiemit vor Recht, ihnen zur wohlverdienten Strafe, andern aber zum Abscheu und Exempel, daß sie, dem 35. und 63. Kriegsartikul nach, mit dem Strange vom Leben zum Tod zu bringen seien, inmassen sie hiezu kondemniert werden. („Deutsche Heereszeitung". 1885. Nr. 98.) —

Der Kriegsprozeß in bürgerlichen Sachen hatte die Benennung: Kammerrecht. (Ludovici cap. X S. 143, cap. XII S. 187.)

B. In Bayern.

(Glück 1800, Kommentar zu den Pandekten; VI. Tl. V. Buch. I. Titel. S. 415 ff. — Kreittmayr 1820, Anm. über den Cod. Maxim. bavar. civ. V. Tl. S. 801 ff. — Seydel, Bayer. Staatsrecht.)

Die Militärgerichte sind teils ordentliche, teils außerordentliche und zwar hohe und niedere.

Die oberste ordentliche Stelle ist der Hofkriegsrat, sowohl in bürgerlichen, als in peinlichen Sachen zuständig, wie denn auch unter Kriegsprozeß das Verfahren sowohl in Zivil-, als Kriminalsachen verstanden ist. Die Geschichte des Hofkriegsrates ist aufgeführt: Mayr, Sammlung II. S. 1215. IV. S. 895, 917, 926, 1217, V. S. 634, VI. S. 168. — Seydel I. § 7 S. 67 ff.

Unter dem Hoffriegsrat stehen alle Kriegsräte und Regiments=
kommandanten, das Kommissariat und Hoffriegszahlamt, überhaupt
alles, was zum Generalstabe gehört.

Die niedere Gerichtsbarkeit wird teils von den Regimentern,
teils von dem Generallandzeugmeisteramt und dem General=
kommissariate ausgeübt.

Unter der Regimentskommandantschaft steht in erster Instanz
gemäß der Hoffriegsratsordnung vom Jahre 1745 alles, was zum
Regimentsstab gehört; unter dem Generallandzeugmeister stehen
alle Zeugamtsoffizianten, unter dem Generalfriegskommissariate
die Proviantoffiziere, jedoch laut obigen Defretes weiter nicht, als
in Zivilsachen und salvo recursu an den Hoffriegsrat.

In Strafsachen gebührt die Untersuchung den niederen
Gerichten; dann aber müssen die Akten zum Hoffriegsrat ein=
geschickt werden; dieser ordnet dann ein Kriegsrecht an oder erteilt
sonstige Entschließung.

Außerordentliche Gerichte sind: Kriegs= und Standrechte;
sowie gemischte, aus Zivil= und Militärpersonen zusammengesetzte
Gerichte in Fällen, wo auch Zivilpersonen interessiert sind.

Letztere Gerichte treten nur auf landesherrlichen Befehl und
in Sachen zusammen, welche teils ziviler, teils militärischer Natur sind.

Das Kriegsrecht wird sowohl in Zivilsachen von großer
Wichtigkeit, als in Kriminalsachen, aber nicht in Fällen gemischter
Natur bestellt, wenn die Sache schon in voriger Instanz instruiert
und zum Spruche reif ist.

Es besteht aus einem Vorsitzenden und wenigstens sechs Bei=
sitzern; diese müssen von allem Interesse an der Sache frei sein
— ein unparteiisches Kriegsrecht.

Es wird nach Rangstufen zusammengesetzt und soll nur be=
rufen werden in Fällen, bei denen es sich um Leib und Leben
oder Verlust der Ehre handelt.

Das Verfahren ist folgendes:

Referent ist der Auditor; nach Verlesung der Akten und
Erstattung der Relation wird der Eid von den Gerichtsmitgliedern
geleistet.

Vor dem Votum wird der Delinquent nochmal vorgeführt
und befragt, was er zu seiner Verteidigung vorzubringen oder
gegen die Beisitzer einzuwenden habe.

Sind die Ablehnungsgründe erheblich, so müssen für die
Refusierten andere Richter ernannt werden.

Die Abstimmung geschieht paarweise nach Chargen und so,
daß zwei derselben Charge angehörige Beisitzer nur ein Votum
nach vorheriger Vergleichung der Meinung miteinander haben;
sie erfolgt von unten auf.

Die Vota werden samt Entscheidungsgründen in ein Protokoll

aufgenommen und von den Votanten unterschrieben; das Resultat wird vom Präsidenten nach Stimmenmehrheit ausgesprochen.

Der Spruch muß noch vor der Publikation in Friedens= zeiten an den Hoffriegsrat zur Bestätigung oder Reformierung eingeschickt werden.

Bei Unteroffizieren und Gemeinen wird das Erkenntnis des Hoffriegsrates gemäß § 16 der Hoffriegsratsordnung sofort voll= zogen.

Bei Oberoffizieren, oder wenn es sich um Leib, Leben, Ehre oder Kassation handelt, hat der Hoffriegsrat den Ausspruch des unparteiischen Kriegsrechtes mit Gutachten ad intimum zur Re= solution einzusenden.

Ein weiteres Kriegsrecht, Revision, Appellation, Akten= versendung oder anderes Rechtsmittel ist nicht zulässig. (Geheime Ratsresolution vom 23. Januar 1765 zum Hoffriegsrat erlassen.)

Das Standrecht wird stehenden Fußes in geschlossenem Kreise gehalten; es ist nur in Kapitalverbrechen üblich und soll nicht über 24 Stunden nach Verübung abgehalten werden; es kommt in Friedenszeiten selten und nur zur größeren Abschreckung vor.

Eine vorherige Instruktion des Prozesses findet nicht statt; nach der Relation des Auditors wird abgestimmt, wie beim Kriegs= recht; die Exekution erfolgt sofort ohne weitere Anfrage.

Rechtsnormen in Beurteilung militärischer Angelegenheiten sind:

Die Kriegsartikel, Kriegsratsordnungen und geschriebene Kriegsgesetze; in Ermanglung solcher soll man auf besondere und gemeine Kriegsgebräuche und Gewohnheiten, eventuell auf das gemeine Recht sehen. (Kreittmayr § 30 ff.)

Die Militärpersonen unterliegen wegen gemeiner Verbrechen den gemeinen Rechten und der Carolina, wegen militärischer Delikte den Kriegsartikeln; die Aburteilung erfolgt in allen Fällen durch die Militärgerichte. (Seydel Tl. I. 7. Abjch. S. 186.) —

Die weitere Entwickelung ist von langwierigen Kriegsperioden und Veränderungen in der Gruppierung der Staaten begleitet.

2. Kapitel.

Vom Ende des 18. Jahrhunderts bis zur Neugründung des Deutschen Reiches.

(Rönne, Staatsrecht des Deutschen Reiches, 2. Aufl., Leipzig 1876. — Seydel, Bayerisches Staatsrecht. — Poezl, Bayerisches Verfassungsrecht.)

§ 13. Staatswesen.

Die Kriegsereignisse, welche den Uebergang zum 19. Jahrhundert begleiteten, mit ihren politischen Folgen hatten hervorragenden Anteil an der Umgestaltung des Heerwesens zur allgemeinen Wehrpflicht, an der Reform des deutschen Strafprozesses durch Einführung französischen Rechtes.

Die Politik nach den Freiheitskriegen war bemüht, die Angelegenheiten Deutschlands zu ordnen, die Konsolidierung der deutschen Staaten herbeizuführen und diesen eine landständische Verfassung zu geben.

Die hierauf bezüglichen Bestimmungen der Wiener Kongreßakte, der Frankfurter Bundesakte, der Umschwung in der politischen Lage durch den Austrag des schleswig-holsteinischen Konfliktes, die Auflösung des deutschen, die Gründung des norddeutschen Bundes sind im Staatsrechte dargestellt. (Rönne, Zur Geschichte der Verfassung des Deutschen Reiches; Seydel I. S. 191, 508.)

In Bayerns Geschichte treten zwei politische Momente hervor, welche Einfluß auf die Reform des Militärstrafprozesses übten: Die Publizierung der Verfassungsurkunde vom Jahre 1818, welche den Dienst im Heere als allgemeine Unterthanenpflicht dekretiert (Poezl S. 27 ff.); die Trennung des Landesgebietes in Teile rechts und links des Rheines; französisches Recht durchbricht das gemeinrechtliche Inquisitionssystem. (Seydel I. S. 191; Poezl S. 21.)

§ 14. Heeresgesetzgebung in Bayern vom Ende des 18. Jahrhunderts bis zum Eintritt in das Deutsche Reich.

Die napoleonischen Kriege brachten eine durchgreifende Reform des bayerischen Heerwesens mit sich.

Rasch folgten sich Veränderungen in Justiz und Heeresverwaltung bis zur Bildung des Generalauditoriats (1804) und des Kriegsministeriums (1816). (Seydel II. S. 346 ff.)

Die Heeresgesetzgebung dieser Periode (Seydel I. S. 184 ff., 348, IV. 560, VI. 490 ff., 540 ff.) hat die Umgestaltung des bayerischen Militärstrafverfahrens wesentlich gefördert; sie zeigt den ganzen Entwicklungsgang vom Werbesystem zur Konskription, zur allgemeinen Wehrpflicht: sie gibt der Armee Würde und Ehre zurück.

Es seien hier nur erwähnt:

Abschaffung des Kaufes und Verkaufes von Militärchargen 1799.

Aufhebung der strafweisen Einstellung in die Armee 1804.

Feststellung der Dienstpflicht auf acht Jahre durch Kantonsreglement 1805.

Errichtung einer Nationalgarde durch Verordnung 1809.

Konskriptionsgesetz 1812 für ledige Bayern von 19 bis 23 Jahren.

In den nächsten Jahren verbesserte sich das Heerwesen mehr und mehr; die Verfassungsurkunde von 1818 stellt in Titel IX die allgemeine Wehrpflicht auf.

Nach Gesetz vom 15. August 1828 ergänzte sich das Heer durch freiwilligen Zugang und durch allgemeine Konskription; doch blieben immer noch die besseren Klassen dem Heere ferne, weil Vertretung in der Dienstpflicht zugelassen war.

Das Wehrverfassungsgesetz vom 31. Januar 1868 führt die allgemeine unvertretbare Wehrpflicht strenge durch. Es kehrt hiemit das Resultat der altgermanischen Verfassung wieder: Volk und Heer sind gleichbedeutende Begriffe. Diese Thatsache verbietet dem Militärstrafprozeß eine vollständige Emanzipation von der all= gemeinen Gesetzgebung. Sich ihr zu nähern, blieb fortan Grundsatz für Bayerns Militärjustizgesetzgebung.

§ 15. Rechtszustand.

1. Deutscher Strafprozeß.

Besonderes Interesse gewinnt der Beginn des neunzehnten Jahrhunderts einerseits durch die Fortbildung des Inquisitionsprozesses bis zur höchsten Entwicklung in der preußischen Kriminalordnung vom Jahre 1805 und dem bayerischen Strafgesetzbuche Teil II vom Jahre 1813; andrerseits durch Einführung des französischen Strafprozesses in den von der französischen Invasion berührten Ländern.

Dieser rheinische Prozeß hatte Oeffentlichkeit und Mündlichkeit sowie das Institut der Geschwornen; er blieb auch nach den Freiheitskriegen in den linksrheinischen Ländern als Partikularprozeß bestehen.

Die neue Kriminalordnung Friedrich Wilhelms III. erscheint als reine Fortbildung des früheren Rechtes; sie unterscheidet folgende Stadien: Untersuchung des Thatbestandes, Aufsuchung und Ueber-

4*

führung des Thäters, erstes summarisches Verhör, weitere Vernehmung, Schlußverhör.

Die Beweispflicht obliegt beiden Parteien; Beweismittel sind: Geständnis, Urkunden, Zeugen, eventuell Indizien; außerdem erfolgt eine vorläufige Freisprechung durch Entlassung von der Instanz.

Verteidigung vor dem Gerichte und als Rechtsmittel weitere Verteidigung sind zulässig. —

Für die kurpfalz-bayerischen Staaten hatte Kleinschrod im Jahre 1802 den Entwurf eines peinlichen Gesetzbuches bearbeitet, welcher dem Wesen der preußischen Gesetzgebung entsprach.

Inzwischen hatten populäre Philosophen, wie Kant und Fichte, Systeme aufgestellt, in welche sie auch Staatswesen und Strafrecht hereinzogen. Man neigte sich der Lehre von contrat social zu: der Staat beruhe auf einem Vertrage, das Strafrecht komme nur dem Staate zu. Andrerseits behauptete man, das Strafrecht trage als Reaktion gegen das Verbrechen die Rechtfertigung in sich selbst.

Diese theoretischen Ansichten blieben nicht ohne Einfluß auf die Gesetzgebung. Klein und Kleinschrod wurden durch Grollmann und Feuerbach verdrängt; letzterer, ein Vertreter neuerer Meinungen, trat dem Entwurfe Kleinschrods mit ungünstiger Kritik entgegen; er suchte ein abgeschlossenes Werk zu schaffen, welches der Wissenschaft keinen weiteren Spielraum lassen, der Praxis aber vollkommen genügen sollte.

Das von ihm im Jahre 1813 verfaßte Strafgesetzbuch für das Königreich Bayern gewann entscheidenden Einfluß in der Strafgesetzgebung Deutschlands.

Unterdessen war in der bayerischen Pfalz der code pénal mit Wirksamkeit vom Jahre 1811 eingeführt worden; er blieb Grundlage des Strafrechtes für die Pfalz bis in die neueste Zeit und wurde erst durch Artikel 2 des Gesetzes vom 10. Nov. 1861, die Einführung des Strafgesetzbuches für das Königreich Bayern betreffend, aufgehoben. Es hatte gegenüber den übrigen deutschen Gesetzgebungen den Vorzug der Oeffentlichkeit und Mündlichkeit, das Institut der Geschwornen.

Das Strafsystem jedoch war hart und abschreckend. Mißstände wurden beseitigt durch Dekret der provisorischen Regierung vom 31. Mai 1814 und durch die seit dem Jahre 1816 bestehende bayerische Regierung. Aus den brauchbaren Grundsätzen des code sind in die neuere Gesetzgebung die Lehre vom Versuch und der Teilnahme übergegangen.

Dieses rheinisch-französische Recht gehört neben dem Strafgesetzbuche vom Jahre 1813 zu den Quellen der neueren deutschen Strafgesetzgebung.

2. Das bayerische Strafgesetzbuch vom Jahre 1813.

Das Strafgesetzbuch vom Jahre 1813 ist auf Grund Vergleiches bereits vorliegender neuerer Gesetzgebungen, der preußischen, österreichischen, des code pénal als zusammenhängendes Werk verfaßt.

Im zweiten Teile behandelt es den Strafprozeß; er ist eine Quelle des zur Zeit in Bayern bestehenden Militärstrafverfahrens.

Der wesentliche Inhalt der für letzteres noch gültigen, hauptsächlich auf Führung der Voruntersuchung bezüglichen Artikel ist in kurzem folgender:

Nur nach vorgängiger Untersuchung und nach richterlichem Erkenntnis kann Strafe erfolgen. Die Strafgerichtsbarkeit verfährt von Amts wegen, ohne daß es in der Regel einer Klage des beleidigten Teiles bedarf. Untersuchungssachen sind dringende Geschäfte und gehen Privatrechtssachen vor. Alle Strafgerichte haben die Pflicht gegenseitiger Unterstützung; alle Polizeibehörden sollen Verbrechen möglichst zuvorkommen, Untersuchungshandlungen jedoch dürfen sie nur in Notfällen vornehmen (Art. 1—11; 18—20).

Der ordentliche Gerichtsstand ist das Gericht der begangenen That.

Das Gericht über den Urheber ist auch über den Teilnehmer zuständig (Art. 22—24).

Außerordentlicher Gerichtsstand ist jener der Militärpersonen vor den Militärgerichten, sowohl in Ansehung gemeiner als militärischer Verbrechen (Art. 27).

Der Untersuchungsrichter ist verantwortlich für seine eigenen Handlungen und für jene der ihm beigegebenen Personen, sowie mit dem Aktuar für die Richtigkeit der Protokolle und deren Einrichtung (Art. 39—44).

Was die Behandlung der Gefangenen anlangt, so ist Fesselung nur wegen besonderer Gefährlichkeit erlaubt (Art. 51 ff.).

Die Untersuchung kann eröffnet werden gemäß bestimmter, auf eigener Erfahrung unverdächtiger Personen beruhender Anzeigen (Denunziationen); doch ist der Angeber nicht verpflichtet, den Beweis zu übernehmen oder Sicherheit zu stellen (Art. 60—65).

Die Richtigkeit von Gerüchten über begangene Verbrechen soll der Richter durch Verhör des Verbreiters zu entdecken suchen. Bei Selbstanzeige des Thäters soll dieser verhört und eventuell verhaftet werden; auch Privatkenntnis des Untersuchungsrichters ist zu berücksichtigen (Art. 66—71).

Das Strafgesetzbuch unterscheidet zwischen General- und Spezialuntersuchung.

Zweck der Generaluntersuchung ist, die Wirklichkeit des angezeigten Verbrechens zu erforschen, hinreichende Verdachtsgründe aufzufinden, um die förmliche Untersuchung zu ermöglichen. Spuren sollen durch Augenschein erforscht und unverändert erhalten werden.

Der Untersuchungsrichter, welcher sich hiebei nachlässig zeigt, wird mit einer Ordnungsstrafe belegt (Art. 72—84).

Auch Auskunftspersonen sollen zur Entdeckung des Thäters vernommen und solche durch öffentliche Aufforderung unter Zusicherung einer Belohnung eruiert werden (Art. 87—90).

Zur Spezialuntersuchung ist der Angeschuldigte in Fällen, welche keine Verhaftung gestatten, durch bloße Ladung, eventuell Ediktalzitation vor Gericht zu fordern (Art. 115, 117).

Voraussetzung der Verhaftung ist das Vorhandensein rechtlicher Gründe für Anordnung des Anschuldigungszustandes (Art. 118).

Weiter behandelt das Strafgesetzbuch die Form und Beschaffenheit einzelner Untersuchungshandlungen.

Was das Verhör des Angeschuldigten anbelangt, so muß derselbe die ihm vorgelegten Fragen mündlich zu Protokoll beantworten. Der Gefangene erscheint ohne Fesseln; er muß längstens innerhalb 24 Stunden verhört werden; Polizeibehörden haben den Verbrecher innerhalb 12 Stunden an den Untersuchungsrichter abzuliefern (Art. 150 ff.).

Die Glaubwürdigkeit eines Geständnisses ist bei schweren Verbrechen durch Zeugen zu prüfen und zu bestätigen (Art. 199).

Die Zeugen werden unmittelbar geladen oder vor dem Gerichte vernommen, wo sie ihren persönlichen Gerichtsstand haben (Art. 201).

Die Zeugengebühren fallen jenem zur Last, welcher die Prozeßkosten trägt (Art. 202).

Jedermann ist schuldig, als Zeuge vor Gericht zu erscheinen; von der Zeugnispflicht sind befreit: Geistliche in Ansehung des Beichtgeheimnisses, Staatsbeamte in Ansehung der Amtsverschwiegenheit, wenn sie nicht dieser Pflicht durch das Staatsministerium für den vorliegenden Fall entledigt sind. Wegen Zeugenungehorsam kann eine Geldbuße oder Gefängnisstrafe ausgesprochen werden (Art. 206).

Jeder Zeuge ist einzeln zu vernehmen; das Verhör beginnt mit Beantwortung persönlicher Fragen; hierauf ist der Zeuge nach den Gebräuchen seiner Religion zu vereidigen. (Art. 207—210.)

Der Zeuge soll sich bestimmt und erschöpfend äußern; die Fragen an denselben müssen deutlich und unverfänglich, ohne Suggestion sein. Der Untersuchungsrichter soll das Benehmen der Zeugen während des Verhöres aufmerksam beobachten, nach demselben sind sie unter Auflegung des Stillschweigens zu entlassen (Art. 212—217).

Als Mittel, ein Geständnis zu erzielen, dient die Gegenstellung oder Konfrontation. Jeder Zeuge ist verbunden, sich derselben mit dem Angeschuldigten zu unterziehen (Art. 220); andererseits hat der Inquisit das Recht, die Konfrontation zu verlangen (Art. 218).

Ferner handelt das Strafgesetzbuch vom richterlichen Augen=
schein und vom Gutachten der Sachverständigen.

Der Untersuchungsrichter ist in jedem Teile des Prozesses
verbunden, wenn es sachdienlich ist, Augenschein vorzunehmen; bei
weiter Entfernung oder Verhinderung des Untersuchungsrichters
kann derselbe auch von einem anderen Richter, von einer Polizei=
oder Administrativbehörde gültig vorgenommen werden.

Kunst= und Sachverständige sind zu vereidigen (Art. 232—237).

Sind Urkunden von Belang für die Untersuchung, so müssen sie
durch Haussuchung oder Befehl auf Auslieferung herbeigeschafft werden.

Als vorbereitende Mittel zur Anerkennung von Urkunden
dienen: Niederschreiben eines Aufsatzes vor Gericht durch den An=
geschuldigten; Schriftenvergleichung (Art. 246—249).

Unter der Voraussetzung genügenden Verdachtes ist der Richter
zur Haussuchung in der Wohnung des Verdächtigen berechtigt,
auch in Gast= oder anderen öffentlichen Häusern, wenn die Ver=
mutung besteht, daß ein Verdächtiger sich hier verborgen halte
oder daß Spuren zu entdecken seien (Art. 251, 252).

Die Vollstreckung rechtskräftiger Urteile darf nur ver=
schoben werden wegen Wahnsinnes, Krankheit des Verurteilten,
wegen Schwangerschaft einer zum Tode oder zu körperlicher
Züchtigung verurteilten Weibsperson (Art. 379).

Jedes Todesurteil ist vor der Vollstreckung zum Justiz=
ministerium einzusenden; erfolgt keine Begnadigung, so soll es
innerhalb 24 Stunden nach Eröffnung des Beschlusses vollzogen
werden; diese Frist kann auf Verlangen des Verurteilten auf
dreimal 24 Stunden aufgeschoben werden (Art. 381).

Für die Kosten eines Kriminalprozesses haftet zunächst
jener, welcher sie durch sein Verschulden veranlaßt hat; jener,
welcher durch wissentlich falsche Anzeige einen Unschuldigen in
Untersuchung gebracht; der Untersuchungsrichter, welcher aus Un=
wissenheit oder Nachlässigkeit einen Unschuldigen in Untersuchung
gezogen hat, eventuell bei Unvermögenheit des Angeschuldigten der
Alimentationspflichtige oder der Staat (Art. 404—409).

Verfolgungsmittel der Abwesenden oder Flüchtigen sind:
Haussuchung, Hilfsschreiben an die Obrigkeit des Aufenthaltsortes,
gerichtliche Nachteile durch Gerichtsdiener oder Mannschaft; Steck=
briefe, verbreitet durch Eilboten, Postämter und Ausschreiben in
ausländischen öffentlichen Blättern (Art. 411—416).

Die Spezialinquisition gegen Staatsbeamte hat Suspension
vom Amte und vom Dienstesgehalte, gegen öffentliche Diener bei
Suspension die Entziehung eines Dritteiles des Gehaltes zur
Folge; bei Freisprechung erfolgt Vergütung (Art. 437—439).

Gültig sind endlich noch für das Militärstrafverfahren die
Bestimmungen des Strafgesetzbuches Teil II über Standrecht.

Dieses kann angeordnet werden: wegen Aufruhrs im zweiten Grade, wenn die Ruhe nur durch außerordentliche Gewalt wieder-herzustellen ist; wenn in gewissen Gegenden Mord, Raub, Brand-legung ungewöhnlich überhandnehmen, durch ganze Banden verübt werden.

Die rechtlichen Wirkungen des Standrechtes sind: die ordent-liche Kriminalgerichtsbarkeit tritt außer Wirksamkeit; wer sich nach verkündetem Standrechte eines solchen Verbrechens schuldig gemacht hat, wird innerhalb 24 Stunden nach dem Verhör ohne Vor-behalt der Berufung oder eines Gnadengesuches gerichtet; alle jene, welche sich nach verkündetem Standrechte eines hierunter fallenden Verbrechens schuldig gemacht haben, werden mit dem Tode bestraft, ohne Rücksicht auf mildernde Umstände und ohne Unterschied, ob das Verbrechen im Strafgesetzbuche mit der Todes-strafe bedroht ist.

Das Standrecht muß mit fünf Richtern, zwei Gerichtsbeisitzern und einem Aktuar besetzt sein; zu Richtern werden drei Kriminal-richter und zwei Militärpersonen wenigstens im Range eines Hauptmanns erwählt. Der älteste unter den drei Zivilrichtern hat den Vorsitz, leitet die Untersuchung, Verhör des Inquisiten und der Zeugen. Dem Standrechte wird ein Kriminalfiskal als öffentlicher Ankläger beigegeben, welcher die Beweise gegen die Schuldigen sammelt und dem Gerichte vorlegt. Die Verkündung des Standrechtes erfolgt unter Trommelschlag oder Trompeten-schall. Das standrechtliche Verfahren geschieht ohne Unterbrechung vor versammeltem Gerichte; es ist summarisch; es ist keine Ver-teidigung gestattet; es soll nur festgestellt werden, daß das Ver-brechen zur Kompetenz des Standrechtes gehört und daß es nach Verkündigung desselben verübt wurde.

Hat mindestens eine Mehrheit von vier Stimmen gegen eine die Schuld ausgesprochen, so wird das Todesurteil gefällt; hat hingegen dasselbe Stimmenverhältnis sich für die Unschuld erklärt, so wird der Angeschuldigte freigesprochen; außerdem wird derselbe dem ordentlichen Gerichte zur förmlichen Untersuchung übergeben.

Das Todesurteil wird sogleich verkündet und längstens nach zwei Stunden mit der Kugel vollzogen; Rechtsmittel und Be-gnadigung sind ausgeschlossen.

3. Provisorische militärische Strafgesetze Bayerns vom Jahre 1813.

Im Anschluß an das am 1. Oktober 1813 in Kraft getretene Strafgesetzbuch erließ Bayern den Armeebefehl vom 16. August 1813, welcher bestimmt:

„Die bei der Armee zur Bestrafung der gemeinen Verbrechen bis jetzt vorgeschriebene peinliche Gerichtsordnung Kaiser Karls V.

wird dergestalt aufgehoben, daß das allgemeine Strafgesetzbuch für das Königreich Bayern vom 1. Oktober an bei den Militärgerichten in gesetzliche Wirkung tritt.

Zugleich werden militärische Strafgesetze provisorisch bis zum Erscheinen eines vollständigen Militärstrafgesetzbuches erlassen, welche an Stelle der bisher bestandenen Kriegsartikel treten."

Letztere haben somit aufgehört, Rechtsnorm zu sein; sie sind nicht mehr Strafgesetze, sollen vielmehr nur eine Vorstellung der Strafen geben, welche der Soldat bei Pflichtverletzung zu erwarten hat. Der Bestand der Kriegsartikel ist daher von der Aenderung der Strafgesetze abhängig.

Diese militärischen Strafgesetze, welche sich in der That nur als Wiederholung und Modifizierung der früheren Kriegsartikel charakterisieren, behandeln in den acht Titeln des ersten Teiles unter häufiger Androhung der Todesstrafe das Strafrecht, in den zwei Titeln des zweiten Teiles die Art der Vollziehung der Todesurteile, die Befugnis der Vollziehung der Straferkenntnisse und das Revisionsgericht.

Der zweite Teil bestimmt bezüglich des Vollzuges der Todesstrafe, dieselbe habe im Frieden nach den Anordnungen des Strafgesetzbuches, wenn es sich um gemeine Verbrechen handle, zu geschehen. Im Felde werden alle, für gemeine und militärische Verbrechen ergangenen Todesurteile durch Erschießen vollzogen; nur Spione werden durch den Strang gerichtet.

Hinsichtlich der Befugnisse zur Vollziehung der Erkenntnisse und hinsichtlich der Instanzenordnung habe es bis auf weiteres bei der Dienst- und Justizinstruktion vom 15. März 1804 II. Teil 2. Titel sein Verbleiben.

Ein Standrecht kann nach Ueberschreiten der Grenzen oder wenn die Armee im Königreiche selbst zusammengezogen ist, durch den Kommandierenden für Desertion, Komplott, Aufruhr, Widersetzlichkeit mit Waffen, Verrat, Plünderung angeordnet werden. Das Urteil ist innerhalb der gesetzlich bestimmten Frist zu fällen und, wenn nicht aus besonderen Umständen eine Milderung einzutreten hat, sogleich zu vollziehen. Den Kommandierenden steht ein Revisionsgericht zur Seite. Dieses, gebildet in eintretenden Fällen, besteht aus sieben Richtern: einem General oder Oberst, drei Stabsoffizieren, drei Auditoren.

Vor dieses Gericht gelangen alle jene Urteile der Kriegsgerichte, worin auf Todes-, auf entehrende Strafe, auf schimpfliche Fortweisung, überhaupt auf solche Bestrafung erkannt wird, deren Vollzug dem Generalauditor zusteht.

Was das Verfahren betrifft, so erstattet der Auditor dem Gerichte Vortrag und gibt seine Stimme ab; der Vorstand fordert sodann die Stimmen der übrigen fünf Richter von unten auf;

Stimmenmehrheit entscheidet; bei Stimmengleichheit entscheidet der Vorstand; das Urteil wird gefällt und dem Kommandierenden vorgelegt; das Protokoll hat bei jedem Votanten die Entscheidungsgründe anzuführen.

Der Kommandierende kann die Urteile bestätigen oder mildern, nicht aber verschärfen. Er ordnet auch die Eröffnung und den Vollzug des revidierten Urteils an.

Die vollzogenen standrechtlichen, sowie die revisionsgerichtlichen Urteile müssen an die Allerhöchste Stelle einbefördert werden. Mit dem Wegfalle der Veranlassung erlöschen die Befugnisse des Kommandierenden und des Revisionsgerichtes.

4. Weitere Entwicklung der deutschen Strafgesetzgebung.

Die folgenden Jahre sind eine Periode der Entwürfe.

In Bayern führten die Mängel des Strafgesetzbuches vom Jahre 1813 zu Modifikationen und Ergänzungen. Dies geschah teils durch königliche Verordnungen, teils durch zahlreiche Entschließungen des Justizministeriums über Interpretation und Vollzug des Strafgesetzbuches; ferner durch derogatorische Gesetze zur Aufhebung einzelner Bestimmungen des Strafgesetzbuches. Mehrere unerledigte Entwürfe eines neuen Strafgesetzbuches entstanden in den Jahren 1822—1831.

In Preußen wurden Entwürfe eines Strafgesetzbuches für die preußischen Staaten in den Jahren 1827 bis 1830, 1833, 1836, 1843, 1845 bis 1847 ausgearbeitet.

In Württemberg erschienen Entwürfe eines Strafgesetzbuches in den Jahren 1823, 1832, 1835 und im Jahre 1839 ein Strafgesetzbuch. (Dr. Carl Binding, Leipzig 1874, Gliederung der Strafgesetzgebung in Deutschland.)

§ 16. Militärstrafverfahren.

Der Militärstrafprozeß beruht noch allgemein auf den Formen des Inquisitionsverfahrens. Noch besteht keine gesonderte Kodifizierung des Militärstrafprozesses; die bezüglichen Bestimmungen sind Teile des Strafgesetzbuches oder der Dienstvorschriften; die Quellen liegen meist zerstreut im Gebiete der Gesetzgebung.

1. Württemberg.

Quelle des württembergischen Rechtes sind neben einer Anzahl von Erlassen des Kriegsministeriums und von Beschlüssen des Oberkriegsgerichtes Bestimmungen aus der Kriegsdienstordnung vom 7. Februar 1858 und das Gesetz vom 20. Juli 1818, welches in den Artikeln 127—184 Grundsätze über das Verfahren enthält.

Die Untersuchung wird auf Anordnung der Militärbehörde vom Auditor unter Zuziehung von Beisitzern geführt.

Ueber die Untersuchung, welche in allen zur gerichtlichen Ent=
scheidung geeigneten Fällen stattfindet, ist ein mit Gründen be=
legter Beschluß zu fassen.

Beim Schlußverfahren, welches auch mit der Verhandlung
vor dem erkennenden Gericht verbunden werden kann, erhält der
Angeschuldigte Kenntnis vom Ergebnisse der Untersuchung.

Bei der Schlußverhandlung werden nur die vom Auditor
gefertigte Darstellung des Sachverhaltes und die wichtigeren Akten=
produkte verlesen.

Das Verfahren ist schriftlich. Verteidigung ist in der
Militärstrafgerichtsordnung nicht erwähnt; nach der Praxis kann
sie schriftlich vorgebracht oder zu Protokoll erklärt werden; ein
Verteidiger wird nicht zugelassen.

Militärgerichte sind nach Artikel 135 der M.St.G.O. vom
20. Juli 1818:

Die kriegsrechtlichen Kommissionen, das Kriegsrecht, das Re=
visionsgericht, das Standrecht, die außerordentlichen Gerichte.

Die kriegsrechtliche Kommission — entsprechend den
preußischen Standgerichten — wird vom Regimentskommandeur
angeordnet; sie setzt sich zusammen aus 3 Offizieren, 1 Unter=
offizier und 1 Gemeinen; sie erkennt nur gegen die beiden letzteren
Klassen auf Freiheitsstrafe bis zu 3 Monaten, eventuell auf De=
gradation (Art. 136—138).

Die Mitglieder werden nicht beeidigt; der Auditor ist Referent
und Aktuar mit beratender Stimme.

Die Abstimmung erfolgt von unten auf; Stimmenmehrheit
entscheidet für das Urteil. Dieses kann vom Regimentskommandeur
bestätigt oder gemildert werden; er kann den Fall einem Kriegs=
recht zur Entscheidung übergeben, wenn er das Urteil für zu milde
hält (Art. 139, 140).

Das Kriegsrecht — entsprechend den preußischen Kriegs=
und Instanzengerichten — besteht aus 7 Mitgliedern und dem
Auditor als Referent und Aktuar mit beratender Stimme; die
Besetzung ist verschieden nach dem Grade des Angeschuldigten
(Art. 143—146).

Ein Kriegsrecht über Unteroffiziere und Gemeine wird in der
Regel vom Regimentskommandeur bestellt; ein Kriegsrecht über
Offiziere wird vom Kriegsminister, im Felde vom kommandierenden
General, eventuell auf Befehl des Königs angeordnet (Art. 147).

In der Spruchsitzung erfolgt nach Verlesung der vom
Auditor ausgearbeiteten Darstellung des Falles und der einschlägigen
Aktenstellen das Urteil; Schuld sowohl als Strafe werden jede
für sich durch Mehrheit der Stimmen, wobei jene des Vorsitzenden
keinen entscheidenden Einfluß hat, festgestellt.

Die Abstimmung geschieht von unten auf; die Stimmen

werden viritim gezählt (Art. 148). Alle kriegsgerichtlichen Erkennt= nisse müssen dem Revisionsgericht vorgelegt werden; es besteht aus 7 Mitgliedern, darunter 3 Rechtsgelehrte, und einem Aktuar (Art. 152 ff.).

Die Offiziere werden in der Regel für 3 Monate ernannt (Art. 154 ff.); die Rechtsgelehrten werden im Frieden dem Ober= kriegsgericht entnommen; im Felde wird der Oberauditor nebst zwei Auditoren beigezogen. Das Verfahren ist wie im Kriegsrecht; der Angeschuldigte ist nicht anwesend; das Urteil wird auf Grund der Akten gefällt. Das Revisionsgericht kann das Urteil als un= gültig aufheben, ein an sich gültiges bestätigen oder zum Vor= oder Nachteil des Angeschuldigten abändern (Art. 159—162). In wichtigen Fällen soll der Verhandlung vor dem Revisionsgericht eine Prüfung der Akten durch den Oberauditor vorausgehen (Art. 160).

Jedes Erkenntnis des Revisionsgerichtes bedarf vor dem Vollzuge der Bestätigung des Kriegsministeriums, im Felde des kommandierenden Generals (Art. 166).

Das Standrecht kann von dem hiezu berechtigten Befehls= haber im Falle gefährlichen Aufruhrs nach vorheriger Verkündigung (Art. 175), im Felde wegen Meuterei, um sich greifende Desertion u. s. w. angeordnet werden (Art. 167—169).

Es ist besetzt wie ein ordentliches Kriegsrecht (Art. 170); es ist öffentlich und mündlich, verfügt nur Todesstrafe, Revision oder Gnadengesuch ist unzulässig (Art. 172—174).

Das Verfahren ist an die Formen des ordentlichen Pro= zesses nicht gebunden (Art. 171).

Außerordentliche Militärgerichte sind nur im Felde gegen Kriegsgefangene, Spione, Bewohner des Feindeslandes zuständig; sie bestehen aus 7 Mitgliedern, darunter 1 Auditor.

Dem Angeschuldigten ist auf Verlangen ein Verteidiger zu bestellen

Das Urteil wird vor dem Vollzuge dem kommandierenden General behufs Bestätigung oder Milderung vorgelegt (Art. 179 bis 184).

Gemäß der zwischen dem norddeutschen Bunde und dem Königreich Württemberg abgeschlossenen Militärkonvention vom 21./25. November 1870 (Bundesgesetzblatt S. 661 Art. 10) ver= bleibt die Militärstrafgerichtsordnung vorerst und bis zur Regelung im Wege der Landesgesetzgebung in Geltung.

2. Preußen.

(Bothe, Der preuß. Militärstrafprozeß. 2. Aufl. Hannover 1878. S. 3—16.)

Der große Kurfürst hatte in den Jahren 1660—1672 die schwedischen Kriegsartikel mit Modifikationen als brandenburgisches

Kriegsrecht eingeführt, welches später von allen protestantischen Staaten angenommen wurde.

Die bürgerlichen Rechtsstreitigkeiten wurden von den bürgerlichen Gerichten behandelt. Es gab noch kein Bestätigungsrecht.

Kurfürst Friedrich III., seit 1701 Friedrich I., König von Preußen, erließ 1712 eine Kriegsgerichtsordnung und Instruktion für die Auditeure; hienach wurde mit der Militärgerichtsbarkeit auch die Jurisdiktion in bürgerlichen Sachen verbunden und erstere auf alle Personen, welche in Beziehung zum Kriegsdienst standen und dem Heere folgten, ausgedehnt.

Der Kriminalprozeß wurde nach den Regeln des kanonischen Rechts geführt; auch die Tortur wurde angewendet, wenn ein Kriegsgericht oder eine Juristenfakultät darauf erkannt hatte.

Spruchgerichte waren: Kriegsgericht, Standgericht, außerordentliche Kriegsgerichte.

Die Kriegsgerichte waren aus 13 Personen aller Rangklassen zusammengesetzt.

Die Befehlshaber hatten unbeschränktes Bestätigungsrecht; nur Urteile auf Lebensstrafe, Kassation mußten dem König vorgelegt werden.

Friedrich Wilhelm I. erließ am 12. Juli 1713 die ersten Kriegsartikel für Unteroffiziere und Soldaten. Im Jahre 1718 wurde die Revision aller kriegsrechtlichen Erkenntnisse durch den Generalauditeur eingeführt. Durch Edikt vom 18. August 1718 wurde das Kriegs-Hof- und Kriminalgericht, bestehend aus vier Kriegsräten mit beratender Stimme, eingesetzt. Am 1. März 1726 wurde ein Reglement für die preußische Infanterie erlassen; über einzelne Punkte desselben erging unterm 22. April eine Instruktion, wonach sich Generalauditoriat, Kriegsgerichte und Auditeure zu halten hatten; sie enthielt ausführliche Bestimmungen über Besetzung der Untersuchungs- und Spruchgerichte: alle Erkenntnisse gegen Unteroffiziere und Soldaten, welche auf Degradation oder Spießruten lauteten, wurden vom Regimentskommandeur, dagegen alle Sachen gegen Offiziere und Urteile, welche eine höhere Strafe als obige aussprachen, vom König bestätigt.

Betreffs der judicia mixta erließ Friedrich Wilhelm I. unterm 30. April 1739 eine Verordnung, wonach die Kriegsgerichte den Militär-, die Zivilbehörden den Zivil-Inkulpaten abzuurteilen hatten.

Unter Friedrich dem Großen machte die Rechtspflege im Heere keine Fortschritte; er wirkte durch persönliche Eingriffe, spezielle Befehle und große Strenge.

Durch Kabinetsordres vom 6. August 1744 und 21. Juni 1749 übertrug der König an die Chefs und Kommandeurs die Befugnis, die kriegsgerichtlichen Urteile nach Ermessen zu schärfen, zu mildern oder zu bestätigen.

Friedrich Wilhelm II. verbot in der Deklaration zu den 1787 umgearbeiteten Kriegsartikeln die barbarische Behandlung der Soldaten und machte den Kriegs- und Standgerichten zur Pflicht, nach den Gesetzen zu urteilen.

Unter Friedrich Wilhelm III. trat infolge des Krieges mit Frankreich die Notwendigkeit der Umgestaltung der Armee und der Reform der Militärgerichtsbarkeit hervor. Das Heer bestand aus geworbenen Ausländern und Inländern der niedersten Volksklasse. Nach der Schlacht bei Jena begann der König die Reform. Die im Jahre 1807 ernannte Kommission beschäftigte sich auch mit der Militärgerichtsbarkeit, welche sich auf militärische und gemeine Reate und bis zum Jahre 1808 auf aktive Militärpersonen, deren Familien und Dienstboten und auf inaktive Offiziere erstreckte.

Der König hob den Militärgerichtsstand in allen bürgerlichen Sachen auf und ließ ihn nur in Kriminal- und Injuriensachen bestehen.

Nach dem Dienstreglement von 1788 erkannte man nur auf Verurteilung oder Freisprechung.

Jetzt legte man den militärgerichtlichen Untersuchungen die aus der Revision der alten Kriminalordnung vom 1. März 1717 hervorgegangene Kriminalordnung vom 11. Dezember 1805 zu Grunde; sie hat sich bei den Militärgerichten ohne besonderes Gesetz eingeführt. Sie handelt von ordentlichen und außerordentlichen Strafen, gänzlicher und vorläufiger Freisprechung, von halben, mehr als halben und vollständigen Beweisen; von nahen und entfernten Indizien; sie hat viele Beweis- und Prozeßregeln; sie gilt heute noch im preußischen Militärstrafverfahren.

Am 21. Januar 1812 erfolgte das Regulativ zur Reorganisation an die Militärgerichte; es führte bei jeder Brigade einen Oberauditeur und zwei Brigadeauditeure ein, letztere als Gehilfen zur Abhaltung von Kriegs- und Standrecht außerhalb des Brigadesitzes.

Dasselbe Regulativ setzte das Institut der untersuchungsführenden Offiziere ein.

Während der Freiheitskriege von 1813—1815 ruhte die begonnene Reform.

Durch Gesetz vom 3. September 1814 wurde die allgemeine Dienstpflicht festgesetzt. Die Revision der Strafgesetze wurde unabweisliches Bedürfnis.

Die deshalb eingesetzte Immediatkommission löste ihre Aufgabe ebensowenig, wie die vom Jahre 1827.

Die erste Kodifizierung der preußischen Militärstrafgesetze ist das Strafgesetzbuch vom 3. April 1845, welches im zweiten Teil die Strafgerichtsordnung enthält.

Die Militärstrafgerichtsbarkeit zerfällt in eine höhere und

niedere; erstere wird von den Divisions- und Kriegsgerichten — Standgerichten — ausgeübt (§ 2 M.St.G.O.).

Vor die höhere Gerichtsbarkeit gehören alle Strafsachen der Offiziere und oberen Militärbeamten, der Portepeeunteroffiziere, wenn nicht bloße Arreststrafe in Frage kommt; der Unteroffiziere und Gemeinen bei härterer Strafe als Arrest, Degradation oder Versetzung in die zweite Klasse des Soldatenstandes (§ 20).

Die niedere Gerichtsbarkeit umfaßt alle Straffälle, welche mit Arreststrafe bedroht sind (§ 21).

Das Untersuchungsgericht wird von dem zuständigen Gerichtsherrn bestellt; es besteht in Fällen der höheren Gerichtsbarkeit aus dem Auditeur als Inquirenten und zwei Offizieren als Beisitzern; bei Verbrechen der Gemeinen wird in der Regel nur ein Offizier beigezogen (§ 44 ff.) Das Untersuchungsgericht der niederen Gerichtsbarkeit besteht aus dem Auditeur oder dem untersuchungsführenden Offizier und einem Beisitzer (§ 49).

Nach Schluß der Voruntersuchung (Generaluntersuchung) ordnet der Gerichtsherr Einstellung des Verfahrens oder die förmliche kriegsgerichtliche Spezialuntersuchung an (§§ 102, 104). In diesem Falle findet — im Gegensatz zu standgerichtlichen Untersuchungen — ein Schlußverhör mit dem Angeschuldigten statt (§§ 200 M.St.G.O. und 418 Krim.Ordn.). Letzterem ist erlaubt, sich selbst schriftlich oder zum Protokoll zu verteidigen (§114 M.St.G.O.). Die Bestellung eines Verteidigers ist wohl bei kriegs-, nicht aber bei standgerichtlichen Untersuchungssachen zulässig (§ 200 M.St.G.O.).

Der Angeschuldigte hat sich zu äußern, ob er einen Verteidiger benennen oder ob er die Bestellung dem Gericht überlassen wolle.

Die Bestellung eines Verteidigers von Amts wegen, auch bei Verzicht seitens des Angeschuldigten, erfolgt nur bei gemeinen, mit Todesstrafe bedrohten Verbrechen (§§ 433—440 Krim.Ordn.).

Die Verteidigung durch einen Rechtskundigen zum Protokoll ist nur bei gemeinen Verbrechen, welche mit einer drei Jahre übersteigenden Freiheitsstrafe bedroht sind, gestattet. Die Verteidigung durch einen Offizier zum Protokoll ist bei jenen militärischen Verbrechen zugelassen, welche der Todes- oder mehr als zehnjähriger Freiheitsstrafe unterliegen (§§ 115, 117 M.St.G.O.).

Das Spruchgericht wird auf Vortrag des Auditeurs vom Gerichtsherrn bestellt (§ 122 ff.). Es besteht aus fünf Klassen, von welchen eine der Vorsitzende bildet mit je zwei Richtern, und aus dem Auditeur als Referenten; die Zusammensetzung richtet sich nach dem Range des Angeschuldigten (§ 64).

Bei Kapitalverbrechen sind die Klassen mit drei Richtern besetzt.

Das Spruchgericht des Standgerichtes setzt sich in derselben Weise zusammen, wie jenes des Kriegsgerichts (§ 67).

Das ganze Verfahren ist schriftlich und geheim.

Die Sitzung wird eröffnet mit Vorprüfung der Besetzung des Kriegsgerichtes, Vorlassung des Beschuldigten, Verstattung der Ablehnung von Gerichtsmitgliedern, Vereidigung der Richter.

Die eigentliche Verhandlung besteht in Verlesung der Akten, Anhörung des Beschuldigten; nach dessen Abführung wird, in wichtigen Fällen nach einem vom Auditeur schriftlich bearbeiteten Votum, die Sachlage und Beweisfrage erörtert.

Nach der Verteidigung und nach dem Vortrage des Auditeurs findet klassenweise, nicht also gemeinsame Beratung statt; unbedingte Stimmenmehrheit entscheidet (§§ 129—136; 138, 142).

Die Mitglieder des Kriegsgerichtes sind verpflichtet, die Verhandlung und das Resultat der Abstimmung geheim zu halten (§ 144).

Die Urteile, auch jene der Standgerichte, werden erst durch die Bestätigung vollstreckbar; sie erfolgt auf Gutachten schriftlich und steht je nach Beschaffenheit der Sache dem Könige, Kriegsminister, kommandierenden General, den Gouverneuren von Berlin und Metz, dem Chef der Marine, den Chefs der Landgendarmerie und der Marinestationen, dem Kommandanten des Invalidenhauses, den Regimentskommandeuren zu; das Bestätigungsrecht enthält die Befugnis, die Bestätigung zu versagen und Aufhebung des Urteils zu beantragen, dasselbe einem Kriegsrecht zu überweisen, wenn es zu milde erscheint, das Urteil zu mildern, auch die fakultativ erkannte Degradation wegzulassen (Weiffenbach, Das M.St.G.B. für das Deutsche Reich S. 37); dagegen kann kein Erkenntnis nach Strafart oder Strafmaß geschärft werden (§§ 150, 154, 164, 167—169, 172 ff.).

In diesem Verfahren ist die bedeutendste Kraft der Auditeur; in seinen Händen ruht der ganze Betrieb; er ist Inquirent, Referent mit beratender Stimme, Expedient für alle Erlasse, Wahrer der Gesetzlichkeit aller Verfügungen.

Die Spruchgerichte (Instanzengerichte) über Militärbeamte werden in den zur höheren Gerichtsbarkeit zuständigen Strafsachen vom kommandierenden General des betreffenden Armeekorps bestellt; sie bestehen aus fünf Einzelrichtern: 2 Offizieren, 2 Auditeuren, wovon einer Referent, 1 Militärbeamten (§ 69).

Die Zusammensetzung in Straffällen der niederen Gerichtsbarkeit ist dieselbe (§§ 70, 71). Das preußische Recht hat folgende Rechtsmittel: Restitution, Einlegung der Nichtigkeitsbeschwerde: weitere Verteidigung und Aggravation im Instanzengerichte.

Restitution kann ein rechtskräftig Verurteilter oder vorläufig Freigesprochener beantragen, wenn er neue Beweismittel vorbringen kann, wenn er auf Grund eines gefälschten Dokumentes oder Aussage bestochener Zeugen verurteilt oder vorläufig freigesprochen wurde.

Die betreffenden Verhandlungen sind dem Generalauditoriate vorzulegen; erachtet dieses das Gesuch für zulässig, so ist das angefochtene Erkenntnis dem König gutachtlich zur Aufhebung zu überreichen (§§ 260 ff.).

Das Verfahren bei Einlegung der Nichtigkeitsbeschwerde ist dasselbe (§ 268); sie tritt ein bei Verletzung der Vorschriften über Besetzung des Untersuchungs= sowie des Spruchgerichtes.

Aufsichtsbehörde und oberster Gerichtshof ist das General= auditoriat in Berlin; als besondere Aufgabe ist ihm zugewiesen: das Verfahren gegen Beamte in zweiter Instanz, die Entscheidung von Rekursen, die Erteilung von Rechtsgutachten in Fällen, wo kriegsgerichtliche Erkenntnisse zur Bestätigung des Königs oder Kriegsministers vorliegen.

Die Rechtspflege in Kriegszeiten ist durch Verordnung vom 21. Juli 1867 besonders geregelt; diese gestattet mündliche Verhandlung der ganzen Untersuchungssache vor versammeltem Gerichte, wenn sowohl der Beschuldigte, als die Beweismittel zur Hand sind.

Auch das summarische Verfahren gegen Ausländer ist durch Verordnung vom 21. Juli 1867 bestimmt.

Das preußische Gesetz vom 4. Juni 1851 über den Be= lagerungszustand (§ 13) schreibt für das Verfahren vor den Kriegs= gerichten Mündlichkeit und Oeffentlichkeit vor. Nach Reichs= gesetz vom 3. Mai 1890, die Abänderung der Militärstrafgerichts= ordnung betreffend (Reichsgesetzblatt 1890 Nr. 13 S. 63), sind die verabschiedeten Offiziere der Militärgerichtsbarkeit nicht unterworfen.

Entgegenstehende Bestimmungen, insbesondere der preußischen und bayerischen Militärstrafgerichtsordnung, sind aufgehoben.

Durch Gesetz vom 16. April 1871, betreffend die Verfassung des Deutschen Reiches (Art. 61), wurde die preußische Militärstraf= gerichtsordnung im ganzen Reiche mit Ausnahme Bayerns und Württembergs eingeführt.

In den Reichslanden geschah dies durch Gesetz vom 6. Dezember 1873. (Gesetzb. f. Elf.=Lothr. S. 331).

Durch kaiserliche Verordnung vom 3. Juni 1891, betr. das Strafverfahren gegen Militärpersonen der kaiserl. Schutztruppe in Ost=Afrika, welche als mobil gilt, ist mündliche Verhandlung vor= geschrieben und Verteidigung gestattet.

3. Bayern.

In Bayern bietet nunmehr die geschichtliche Entwicklung der Militärrechtspflege, bis sie zu einer den Anforderungen des Rechts= staates entsprechenden Gerichtsverfassung und Prozeßordnung ge= langt, in mancher Beziehung staatsrechtliches Interesse.

Nach dem Erlasse der Verfassungsurkunde vertrat die Regierung entgegen den Bestimmungen in Titel VII § 2 die Ansicht, daß Vorschriften über Militär-Strafrecht und Strafverfahren im Verordnungswege gegeben werden können.

Der Entwurf eines Militärstrafgesetzbuches, im Jahre 1816 vom Generalauditoriate vorgelegt, war nicht zur Durchführung gelangt; die Bestimmungen über Strafrecht und Strafprozeß wurden als Kapitel 42—45 in die Dienstvorschriften für die Armee aufgenommen. Diese Kapitel wurden durch königliche Entschließung vom 17. November 1822 dem Heere in litographierten Exemplaren bekannt gegeben. Die Dienstvorschriften selbst wurden durch königliche Entschließung vom 29. Juli 1823 hinausgegeben. Sie erlöschen in den folgenden Jahren allmählich und sind nicht mehr zugänglich. —

Das bayerische Militärstrafverfahren als Anklageprozeß.

5*

1. Kapitel.

§ 17. Die Prozeßreform des Jahres 1848.

(Die Strafgesetzgebung des Königreichs Bayern. Erlangen 1864. — System des bayerischen Strafprozeßrechtes von Dollmann. Erlangen 1864. — Plank, Darstellung des deutschen Strafverfahrens. Göttingen 1857.)

Die Reformperiode des Jahres 1848 äußert sich in mehreren wichtigen Momenten.

Man verläßt das letzte gemeinrechtliche System des Inquisitionsprozesses und kehrt zurück zu den Prinzipien des altdeutschen Verfahrens, wie sie sich im englischen und französischen Rechte entwickelt hatten.

Der neue deutsche Anklageprozeß trennt Richteramt und Anklageamt, gibt dem Angeklagten die Befugnisse einer Partei und läßt die Entscheidung in einer öffentlichen und mündlichen Hauptverhandlung unter eventueller Mitwirkung von Geschworenen sich vollziehen. —

Die Reform des deutschen Strafprozesses bildete sich im Wege der Partikulargesetzgebung; erstere ging jedoch nicht gleichmäßig vor sich, indem sich einzelne Staaten aus politischen Gründen davon abhalten ließen.

Es hatten sich innerhalb der deutschen Staaten vier Gruppen gebildet:

Staaten mit umfassender Strafprozeßgebung und vollständiger Reform mit Schwurgerichten; darunter Preußen, Rheinbayern.

Staaten mit teilweiser Reform mit Schwurgerichten für schwerere Fälle, mit dem alten Untersuchungsverfahren für leichtere Delikte; darunter Bayern und Württemberg.

Staaten mit umfassender Strafprozeßgebung, jedoch ohne das Institut der Geschworenen; solche, in denen der alte Untersuchungsprozeß blieb. (Plank, Einleitung.)

Preußen hatte das in der Kriminalordnung vom Jahre 1805 enthaltene gemeinrechtliche Verfahren aufgegeben.

Schon durch Gesetz vom 17. Juli 1846 war bei dem Kammergericht und Kriminalgericht in Berlin die Staatsanwaltschaft und eine öffentliche mündliche Hauptuntersuchung in accusatorischer Form eingeführt.

Die Verordnung vom 3. Januar 1849 führt das mündliche öffentliche Verfahren mit Geschworenen in Untersuchungssachen ein; sie regelt für die älteren Provinzen das Verfahren in allen Untersuchungssachen.

Der Entwurf eines vollständigen Strafprozeßgesetzes vom Jahre 1851, anschließend an das französische Verfahren, gelangte nicht an die Kammer.

Doch wurde dieser Entwurf zum Teile berücksichtigt im Gesetze vom 3. Mai 1852, wodurch die nachträglich genehmigte Verordnung vom 3. Januar 1849 teils ergänzt, teils abgeändert wurde.

Württemberg hatte in der Strafprozeßordnung vom 22. Juni 1843 die Einführung eines öffentlich=mündlichen Schlußverfahrens in schwereren Straffällen versucht.

Zunächst wurde im Preßprozesse durch Verordnung vom 25. Juli 1848 ein öffentlich=mündliches Anklageverfahren eingeführt.

Das Gesetz vom 14. August 1849 regelt das Verfahren in den vor die Schwurgerichte gehörigen Strafsachen; es bildet das Schwurgerichtsverfahren nach französischem Muster.

Im übrigen gilt die Strafprozeßordnung vom 22. Juni 1843, welche sich teils auf die bisherige Praxis stützt, teils an die bayerische Strafprozeßgesetzgebung vom Jahre 1813 anschließt.

Das Militärstrafverfahren hat weder in Preußen noch in Württemberg an diesen Entwickelungen teilgenommen.

In Bayern ergingen zunächst die transitorischen Gesetze vom 12. Mai und 4. Juni 1848.

Das Gesetz vom 12. Mai 1848, Abänderungen des Strafgesetzbuches vom Jahre 1813 betreffend, wurde in der Absicht erlassen, den Landesteilen diesseits des Rheins noch vor Erscheinen der neuen, das ganze Königreich umfassenden Strafgesetzgebung die Vorteile einer mündlich=öffentlichen Strafrechtspflege mit Schwurgerichten zu gewähren.

Es fordert die Fertigung von Gesetzen, welche obige Vorteile enthalten, vorbehaltlich der Revision durch die künftige Ständeversammlung. Es enthielt Anhaltspunkte für Fixierung der Kompetenz der Gerichte, für Entwickelung der Staatsanwaltschaft, Aufstellung von Untersuchungsrichtern. Es setzt die Vorschriften des Strafgesetzbuches vom Jahre 1813 über körperliche Züchtigung für ungebührliches Benehmen während der Untersuch=

ung außer Kraft und ermächtigt die Staatsregierung zur Beseitigung derselben als polizeilichen oder militärischen Strafmittels (Art. 1—7).

Das Gesetz vom 4. Juni 1848 bestimmt, es solle das Verfahren nach jenem auf dem linken Rheinufer geordnet werden.

Bei Verbrechen und Vergehen besteht das Vorverfahren, abschließend mit der Beschlußfassung auf die Voruntersuchung und das Hauptverfahren mit Anklage, Beweiserhebung und Urteil.

Hieraus ergibt sich die Trennung des untersuchungsführenden und aburteilenden Gerichtes und die Funktion der Staatsanwaltschaft.

Die Voruntersuchung und Beschlußfassung auf dieselbe, ferner die Aburteilung von Vergehen und Uebertretungen ist Beamtengerichten, die Aburteilung von Verbrechen und Preßvergehen ist Geschworenengerichten übertragen.

Die Voruntersuchung wird nach Teil II des Strafgesetzbuches vom Jahre 1813 inquisitorisch, heimlich und schriftlich geführt.

Das Hauptverfahren ist accusatorisch auf Grund der vom Staatsanwalte zu vertretenden Anklage, mündlich vor dem erkennenden Gerichte, öffentlich unter dem Präjudize der Nichtigkeit; Beschränkung ist nur durch Rücksicht auf Aergernis oder Sittlichkeit zulässig; Grundsatz ist freie Beweiswürdigung mit Ausschluß jeder gesetzlichen Beweistheorie.

§ 18. Reform des bayerischen Strafprozesses durch Gesetz vom 10. November 1848.

Das Strafprozeßgesetz vom 10. November 1848 enthält nur Abänderungen des II. Teiles des Strafgesetzbuches vom Jahre 1813, welche speziell bezeichnet sind; im übrigen hat das Strafgesetzbuch noch Geltung.

Die Prinzipien des Gesetzes sind heute noch Grundlage des bayerischen Militärstrafverfahrens. — Die Rechtsentwicklung dieser Periode ist zugleich von Bedeutung für die Reform des deutschen Militärstrafprozesses; sie erbringt den Beweis dafür, daß die allgemeine Gesetzgebung die Basis bilde für ein zeitgemäßes Strafverfahren im Heere.

Der Inhalt des Gesetzes vom 10. November 1848 soll hier nur insoweit berührt werden, als er in Beziehung zu dem nunmehr stufenweise vorschreitenden bayerischen Militärstrafverfahren getreten ist; — es gilt dies hauptsächlich bezüglich des Verfahrens vor den Schwurgerichten und hinsichtlich der Rechtsmittel; ersteres ist jetzt noch für die Militär-Geschworenengerichte maßgebend.

Staatsanwaltschaft bei jedem Appellations-, Kreis- und
Stadtgericht.

Der Wirkungskreis der Staatsanwaltschaft besteht in Mitwirkung zu der Strafverfolgung im öffentlichen Interesse; in
Ueberwachung der Voruntersuchung; in Beantragung der Beschlußfassung auf letztere; in Einlegung von Rechtsmitteln; in Kontrolle
des Vollzuges der gerichtlichen Beschlüsse und Urteile (Art. 19—27).

Voruntersuchung.

Diese wird nach Teil II des Strafgesetzbuches vom Jahre
1813 durch ständige Untersuchungsrichter geführt (Art. 2, 30).

Die bisherige Einteilung in General- und Spezialuntersuchung
ist aufgehoben (Art. 31).

Die Beschlußfassung auf die Voruntersuchung geschieht vom
Kreis- und Stadtgericht, welches je nach Lage Ergänzung der Voruntersuchung, Verweisung in die öffentliche Sitzung oder an ein
anderes Gericht, eventuell Einstellung des Verfahrens beschließt
(Art. 47 ff.).

Als Rechtsmittel gegen die Beschlüsse des Kreis- und Stadt-
gerichts benennt das Gesetz die Berufung (Art. 60); gegen jene
des Appellationsgerichts die Nichtigkeitsbeschwerde (Art. 66). Beide
Rechtsmittel stehen unter gewissen Voraussetzungen dem Staatsanwalte und Angeschuldigten zu.

Schwurgerichte.

Das Gesetz führt die Schwurgerichte ein; sie bestehen aus
12 Geschworenen (Art. 102); der Schwurgerichtshof mit Einschluß
des Vorstandes aus fünf Richtern (Art. 17).

Bezüglich des Verfahrens vor den Schwurgerichten
unterscheidet das Gesetz zwischen Verbrechen, welche mit Todes-,
Ketten- oder Zuchthausstrafe bedroht sind (Art. 116), und zwischen
geringeren Verbrechen und Vergehen (Art. 219).

Verfahren bei den mit Todes- u. s. w. Strafen bedrohten Verbrechen.

Dem verhafteten Angeklagten werden Verweisungserkenntnis
und Anklageschrift zugestellt; er wird belehrt über das Recht,
einen Verteidiger zu wählen, eventuell die Nichtigkeitsbeschwerde
gegen die Verweisung einzulegen oder Mitglieder des Schwurgerichtshofes abzulehnen. Ein Verteidiger wird von Amts wegen
bestellt, wenn ein solcher nicht gewählt wurde (Art. 116 ff.).

Der Angeklagte kann die Ergänzung der vom Staatsanwalte
gefertigten Zeugenliste beantragen (Art. 129).

Hauptverhandlung.

Das Verfahren vor dem Schwurgerichte ist öffentlich (Art. 138), nur beschränkt durch Rücksichten auf Aergerniß oder Verletzung des Schamgefühls (Art. 139, 140).

Der Präsident eröffnet die Sitzung, zu welcher der Angeklagte ohne Fesseln erscheint; schreitet alsdann zur Bildung des Schwurgerichtes durch das Los und zur Beeidigung (Art. 143 ff.).

Der Staatsanwalt bezeichnet die Beweismittel; dasselbe Recht hat der Angeklagte oder sein Beistand (Art. 149).

Die Zeugen werden aufgerufen, im Falle Nichterscheinens bestraft oder deren augenblickliche Vorführung angeordnet (Artikel 150, 151).

Nach Belehrung über die Bedeutung des Eides treten die Zeugen in das für sie bestimmte Zimmer ab (Art. 155). Es folgt das Verhör des Angeklagten, sodann der Vorruf der Zeugen, welche jetzt beeidigt werden (Art. 156, 157). Einwendungen gegen die Beeidigung eines Zeugen stehen dem Angeklagten und dem Staatsanwalte frei (Art. 158). Nach dem Verhöre bleibt jeder Zeuge im Sitzungssaale.

Fragestellung an die Zeugen ist mit Zustimmung des Präsidenten den Geschworenen, dem Staatsanwalte, dem Angeklagten und dessen Verteidiger erlaubt (Art. 163, 164).

Abgelesen dürfen nur werden: Zeugnisse aus der Voruntersuchung, abgelegt von Mitgliedern des kgl. Hauses (Art. 133), und Aussagen verstorbener, am Erscheinen verhinderter oder landesabwesender Zeugen (Art. 166). Ablesen früherer Aussagen eines ausgebliebenen Zeugen darf nur mit besonderer Einwilligung des Angeklagten geschehen (Art. 167).

Was von Zeugen vorgeschrieben ist, gilt auch bezüglich der Sachverständigen (Art. 169).

Nach Beendigung des Beweisverfahrens hat der Staatsanwalt die Anklage zu begründen; Antwort hierauf steht dem Angeklagten und seinem Verteidiger zu; Replik ist gestattet; das letzte Wort gebührt dem Angeklagten und seinem Verteidiger. — Nachdem die Frage an den Angeklagten gestellt ist, ob er noch irgend eine Bemerkung zu machen habe, erklärt der Präsident die Verhandlung für geschlossen (Art. 170).

Geschworene.

Die Geschworenen haben über die Schuldfrage nicht nach einer bestimmten Anzahl oder besonderen Beschaffenheit von Beweismitteln, sondern lediglich nach fester Ueberzeugung zu entscheiden (Art. 171).

Der Präsident stellt dann die auf die Schuld gerichtete Haupt-

frage, eventuell weitere Fragen; auf etwaige gesetzliche Straf=
milderungsgründe sind besondere Fragen zu richten.

Sowohl die Geschworenen, als der Staatsanwalt und der
Angeklagte oder sein Verteidiger können gegen die Fragestellung
Erinnerungen erheben, worüber der Schwurgerichtshof sofort ent=
scheidet (Art. 172—179).

Nachdem die Fragen festgestellt und zu Schrift gebracht
worden sind, übergibt sie der Präsident den Geschworenen nebst
der Anklageschrift und sämtlichen Akten mit Ausnahme der Zeugen=
vernehmungsprotokolle.

Der Angeklagte wird aus dem Sitzungssaale entfernt: die
Geschworenen treten in das Beratungszimmer; das Verlassen des=
selben oder der Verkehr mit dritten Personen wird von den Ge=
schworenen mit Geld gebüßt (Art. 181).

Nach Wahl eines Obmannes treten die Geschworenen in
Beratung. Die mündliche Abstimmung geschieht nach Ordnung
des bei Eröffnung der Sitzung gezogenen Loses; der Obmann
stimmt zuletzt (Art. 189—191); für Annahme der Schuld sind
acht Stimmen nötig; bezüglich der Strafmilderungsgründe ent=
scheidet einfache Stimmenmehrheit (Art. 192). Das Ergebnis der
Abstimmung ist niederzuschreiben und vom Obmann zu unterzeichnen
(Art. 193).

Nach Rückkehr in den Sitzungssaal verliest der Obmann den
Wahrspruch, der vom Präsidenten und Protokollführer unterzeichnet
wird (Art. 195).

Sollte der Wahrspruch unvollständig oder in sich wider=
sprechend sein, so können die Geschworenen auf Anordnung des
Schwurgerichtshofes zur Vervollständigung oder Verbesserung des
Wahrspruches in das Beratungszimmer zurückgeschickt werden
(Art. 196).

Nach Vorführung des Angeklagten verliest der Protokoll=
führer den Wahrspruch. Ist dieser auf „Nichtschuldig" gerichtet,
erfolgt sofortige Freisprechung. Lautet derselbe auf „Schuldig",
so stellt der Staatsanwalt seinen Antrag auf Anwendung des
Gesetzes. Der Angeklagte oder dessen Verteidiger hat jedenfalls
das Recht der letzten Aeußerung; diese Gegenerinnerungen dürfen
sich aber nur mehr gegen die Strafe und deren Maß richten
(Art. 198, 199).

Schwurgerichtshof.

Die Mitglieder des Schwurgerichtshofes begeben sich zur
Beratung und Abstimmung in das hiefür bestimmte Zimmer; die
jüngeren Mitglieder stimmen vor den älteren; der Präsident gibt
zuletzt seine Stimme; die Entscheidung geschieht nach absoluter
Stimmenmehrheit (Art. 201).

Der Schwurgerichtshof erkennt auf Freisprechung von der Strafe, wenn er der Ansicht ist, daß die That, deren der Angeklagte durch den Wahrspruch für schuldig erklärt wurde, durch kein Strafgesetz verboten ist (Art. 202).

Urteilsverkündung.

Das Erkenntnis mit Entscheidungsgründen und Feststellung des Kostenpunktes (Art. 204) ist niederzuschreiben und vom Präsidenten in öffentlicher Sitzung mit wörtlicher Verlesung der angewendeten Gesetzesstellen zu verkünden (Art. 206).

Der Angeklagte ist im Falle der Verurteilung vom Präsidenten über das Rechtsmittel der Nichtigkeitsbeschwerde zu belehren (Art. 207).

Ein von der Anklage freisprechendes Erkenntnis wird sogleich nach der Verkündung durch Freilassung des Angeklagten vollzogen (Art. 214).

Gleiches ist der Fall, wenn der Angeklagte ein von der Strafe freisprechendes Erkenntnis erlangt und der Staatsanwalt sogleich bei Verkündung desselben den Verzicht auf die Nichtigkeitsbeschwerde erklärt hat (Art. 215).

Verfahren bei den zur Zuständigkeit der Schwurgerichte gehörenden geringeren Verbrechen und Vergehen.

Das Verfahren richtet sich im allgemeinen nach den bisher aufgeführten Prinzipien.

Ein Verteidiger wird von Amts wegen nicht aufgestellt, wenn der Beschuldigte einen solchen nicht gewählt hat (Art. 219, 220).

Anfertigung einer Anklageschrift findet nicht statt, sondern lediglich Zustellung des Verweisungserkenntnisses an den Beschuldigten (Art. 222).

Die Anklage in der öffentlichen Sitzung hat der Staatsanwalt in gedrängter Kürze zu entwickeln (Art. 225).

Rechtsmittel gegen die Urteile der Schwurgerichtshöfe.

Diese Rechtsmittel sind: Die Nichtigkeitsbeschwerde; die Beschwerde zur Wahrung des Gesetzes; der Antrag auf Wiederaufnahme des Verfahrens.

Die Nichtigkeitsbeschwerde kann ein Angeklagter ergreifen gegen ein verurteilendes Erkenntnis des Schwurgerichtshofes wegen Verletzung einer wesentlichen Förmlichkeit des Prozesses oder wegen unrichtiger Anwendung des Gesetzes auf den Wahrspruch (Art. 231, 232).

Dieselbe ist vom Angeklagten innerhalb drei Tagen nach der

Urteilsverkündung, vom Staatsanwalte gegen verurteilende Erkenntnisse in gleicher Frist, gegen ein von der Strafe freisprechendes Urteil binnen 24 Stunden anzumelden (Art. 235, 236).

Die Entscheidung über die Nichtigkeitsbeschwerde wird nach Akteneinsendung vom obersten Gerichtshofe getroffen (Art. 242 ff.).

Die Verhandlung ist öffentlich (Art. 240—244).

Ist die Nichtigkeitsbeschwerde begründet, so wird das Urteil entweder seinem ganzen Inhalte nach oder je nach der Ausdehnung der Beschwerde nur teilweise vernichtet (Art. 247).

Die Beschwerde zur Wahrung des Gesetzes zum obersten Gerichtshofe ist ein Rechtsmittel des Staatsanwaltes gegen freisprechende Urteile der Geschwornengerichte auf Grund Verletzung von Förmlichkeiten, oder gegen verurteilende Erkenntnisse auf Grund von Formverletzung oder unrichtiger Gesetzesanwendung durch den Schwurgerichtshof (Art. 254 ff.).

Die Wiederaufnahme des Verfahrens kann durch den Verurteilten oder — wenn derselbe verstorben — auch von Ehegatten, Verwandten und von jedem Dritten beantragt werden: wegen unschuldiger Verurteilung; wenn bekannt wird, daß derjenige, wegen dessen Tötung die Verurteilung erfolgte, noch lebt; wegen Meineides von Zeugen (Art. 265).

Das Gesuch ist schriftlich bei dem Gerichte einzureichen, von welchem die Verurteilung ausging. Die Entscheidung erfolgt beim obersten Gerichtshofe (Art. 266 ff.).

Ungehorsamsverfahren bei den mit Todes-, Ketten- oder Zuchthausstrafe bedrohten Verbrechen.

Bezüglich der zu treffenden Anordnungen, um einen abwesenden oder flüchtigen Verdächtigen zu sistieren, gelten die einschlägigen Bestimmungen des Strafgesetzbuches vom Jahre 1813 (Art. 275).

Ist der Angeklagte nicht erschienen, noch sistiert, so erfolgt öffentliche Verhandlung vor dem Schwurgerichte ohne Zuziehung von Geschwornen (Art. 281).

Dem Angeklagten ist ein Verteidiger von Amts wegen zu ernennen (Art. 283).

Die Anklage soll durch den Staatsanwalt kurz entwickelt werden.

Im Beweisverfahren werden Thatbestandsprotokolle und Zeugenaussagen verlesen: es folgt der Schlußantrag des Staatsanwalts und die Entgegnung des Verteidigers (Art. 286).

Das Urteil wird vom Schwurgerichtshofe sofort über Schuld und Strafe gesprochen und eventuell öffentlich bekannt gemacht (Art. 287 ff.).

Rechtsmittel stehen nur dem Staatsanwalte, wie im ordent-lichen Verfahren, zu.

Wird der Verurteilte sistiert oder stellt er sich freiwillig, so ist ihm das Urteil mit dem Bemerken zu verkünden, daß, wenn er sich demselben nicht unterwerfe, ein neues ordentliches Ver-fahren stattfinden werde.

Durch das neue Urteil, im Falle der Einleitung des ordent-lichen Verfahrens, tritt das frühere von Rechts wegen außer Wirk-samkeit (Art. 293 ff.).

Ungehorsamsverfahren bei den zur Zuständigkeit der Schwurgerichte gehörigen geringeren Verbrechen und Vergehen.

Bei Nichterscheinen des richtig geladenen Beschuldigten ist vom Schwurgerichtshofe sofort ohne Zuziehung von Geschwornen zu verhandeln und nach Anhörung der Anträge des Staatsanwalts und Verteidigers das Urteil zu fällen und in öffentlicher Sitzung zu verkünden (Art. 297).

Der Verurteilte kann binnen acht Tagen bei dem Kreis- und Stadtgerichte, wo die Schwurgerichtssitzung gehalten wird, unter Einspruch gegen das Urteil um wiederholte Verhandlung im ordentlichen Verfahren bitten (Art. 298).

Letzteres findet statt, wenn der Beschuldigte erscheint; bleibt derselbe neuerdings aus, so hat es bei dem früheren Urteile sein Verbleiben (Art. 302).

Verfahren bei Aburteilung der zur Zuständigkeit der Kreis- und Stadtgerichte gehörenden Verbrechen und Vergehen.

Das Verfahren richtet sich im allgemeinen nach jenem bei schweren Verbrechen, wie in den Art. 119—229 bestimmt.

Auf den zur Aburteilung niedergesetzten kreis- und stadt-gerichtlichen Senat werden die Vorschriften über den Schwur-gerichtshof und dessen Präsidenten analog angewendet (Art. 303 und 304).

Von dem Verweisungsbeschlusse in die öffentliche Sitzung er-hält der Beschuldigte eine Abschrift. In allen Fällen ist demselben mit der Ladung die Zeugenliste zuzustellen (Art. 305 ff., 311).

Ablehnungsgesuche gegen Gerichtsmitglieder sind zulässig (Art. 312).

Die Sitzung, in welcher der verhaftete Beschuldigte ohne Fesseln erscheint, wird von dem Vorstande des Senats eröffnet (Art. 314, 315).

Nach Vernehmung der Zeugen und des Beschuldigten verbindet der Staatsanwalt mit der mündlichen Erörterung zugleich den Antrag auf Anwendung des Gesetzes (Art. 316).

Die Kompetenz zur Aburteilung bleibt unverändert, wenn sich die im Verweisungsbeschlusse als Verbrechen bezeichnete That als Vergehen ꝛc. erweist; im entgegengesetzten Falle wird die Sache an das Appellationsgericht, eventuell an den Untersuchungsrichter zu weiterer Erhebung verwiesen (Art. 320, 321).

Gegen den Schuldigen ist sofort die Strafe festzustellen (Art. 325).

Bei Verkündung des Urteils ist der Verurteilte über das ihm zustehende Rechtsmittel der Berufung zu belehren (Art. 327).

Rechtsmittel.

Die Berufung gegen Urteile der Kreis= und Stadtgerichte steht sowohl dem Verurteilten, als dem Staatsanwalte zu; gegen freisprechende Urteile nur dem letzteren (Art. 328, 329).

Die Entscheidung der Berufung durch das Appellationsgericht besteht entweder in Vernichtung des angefochtenen Urteils oder in Verweisung an den Untersuchungsrichter zu weiteren Erhebungen (Art. 335).

Eine Abänderung des erstrichterlichen Urteiles zum Nachteile des Verurteilten ist ausgeschlossen; nur wenn die Berufung vom Staatsanwalte ergriffen wurde, kann sowohl zum Nachteile, als zum Vorteile abgeändert werden (Art. 338).

Das Ungehorsamsverfahren

in erster und zweiter Instanz (Art. 345 ff.) entspricht im allgemeinen den oben (Art. 275 ff., 297 ff.) aufgeführten Normen.

In erster Instanz steht dem Verurteilten das Recht des Einspruches innerhalb acht Tagen, dem Staatsanwalte das Rechtsmittel der Berufung zu (Art. 356, 358).

In zweiter Instanz ist ebenfalls Einspruch zulässig; das hierauf ergangene Urteil des Appellationsgerichtes kann durch die Nichtigkeitsbeschwerde angegriffen werden (Art. 360 ff.).

* * *

Die Partikulargesetzgebung hat sich als Macht in Fortbildung des Rechtes erwiesen; sie wurde Anlaß zur Reform des bayerischen Militärstrafverfahrens.

2. Kapitel.

§ 19. Reform des Militär-Strafverfahrens in Bayern.

Das Verfahren vor den Militärgerichten wurde im Ver-
ordnungswege ohne Mitwirkung der Landesvertretung, deren
Zuständigkeit gemäß Titel VII § 2 der Verfassungsurkunde vom
Jahre 1818 vorlag, geregelt.

Motiv der Reform war die wesentliche Veränderung der für
das strafgerichtliche Verfahren im allgemeinen gegebenen gesetzlichen
Vorschriften, welche auch bei den Militärgerichten zur Anwendung
zu kommen hatten.

Die Allerhöchste Verordnung vom 14. April 1856 über
das Verfahren in den zur Zuständigkeit der Militärgerichte gehörigen Verbrechens- und Vergehensfällen (Militär-Verordnungs-
blatt 1856 Nr. 10 S. 53—76) enthält nachstehende Vorschriften
und Reformen:

Sowohl in der Voruntersuchung, als bei der Aburteilung haben sich die Militärgerichte nach dem Gesetze vom
10. November 1848, die „Abänderung des zweiten Teiles des
Strafgesetzbuches vom Jahre 1813" betreffend, zu richten, soweit
nicht in gegenwärtiger Verordnung oder in den Dienstvorschriften
ein anderes festgesetzt ist (Art. 1).

Voruntersuchung.

Diese ist von dem Befehlshaber, welchem nach den Dienstvorschriften die Strafgerichtsbarkeit zusteht, sobald er Kenntnis
von der Verübung einer strafbaren Handlung erlangt hat, nach
Anhörung des Auditors anzuordnen; durchzuführen ist sie von
letzterem mit Zuziehung eines Aktuars (Art. 13, 14).

An Stelle des Auditors kann bei denjenigen militärischen
Vergehen, welche durch Verletzung der militärischen Dienst- und
Standespflichten begangen werden, mit Führung der Vorunter-
suchung ein Offizier beauftragt werden, welchem auch bei der
Hauptverhandlung die Verrichtungen des Auditors zukommen
(Art. 15). Die Überwachung der Voruntersuchung steht dem Be-
fehlshaber zu (Art. 17).

Die Beschlußfassung auf die Voruntersuchung erfolgt in
allen Verbrechens- und solchen Vergehensfällen, in denen ein
Offizier oder Militärbeamter angeschuldigt ist, durch eine Kommission, gebildet unter dem Vorsitze des Divisionskommandanten
aus einem Stabsoffizier und dem Stabsauditor; in den übrigen
Fällen erfolgt die Beschlußfassung durch eine ernannte Militär-
kommission (Art. 18). Dem Vorstande der letzteren ist Akteneinsicht

gestattet (Art. 19). Die beteiligten Militärrichter erstatten vor der Beschlußfassung Vortrag; sie haben nur eine beratende Stimme (Art. 20).

Ergänzungen der Voruntersuchung können angeordnet werden; außerdem wird die Sache entweder in die Hauptverhandlung oder an eine andere Behörde verwiesen oder die Einstellung des Strafverfahrens beschlossen (Art. 21).

Die Verweisung an eine andere Behörde tritt ein, wenn diese als zuständig erscheint, oder wenn sich die Sache beim Mangel des Thatbestandes eines Verbrechens oder Vergehens zur disziplinären Einschreitung eignet (Art 23).

Die Einstellung ist zu beschließen wegen Mangels einer Strafandrohung oder wegen ungenügenden Nachweises des Thatbestandes, wegen Fehlens erheblicher Verdachtsgründe, wegen unzweifelhafter Straflosigkeit des Thäters, wegen Verjährung (Art. 24).

Rechtsmittel gegen die Beschlüsse auf die Voruntersuchung bestehen nicht; der Befehlshaber, welcher die Kommission niedergesetzt hat, kann jedoch, wenn er die Beschlußfassung für unrichtig erachtet, innerhalb drei Tagen unter Akteneinsendung an das Divisionskommando die Revision auf eventuelle Abänderung veranlassen (Art. 25).

Eine Anklageschrift ist im Falle Verweisung in die Hauptverhandlung vom betreffenden Auditor zu fertigen, wenn es sich um Todes-, Ketten- oder Zuchthausstrafe handelt (Art. 26).

Hauptverhandlung.

Diese setzt immer eine Voruntersuchung voraus; die Vorschriften des Gesetzes vom 10. November 1848, wonach in einzelnen Fällen die Voruntersuchung unterlassen werden kann, kommen bei Militärgerichten nicht zur Anwendung (Art. 28).

In allen Verbrechens- und Vergehensfällen soll der Aburteilung eine mündliche Hauptverhandlung vor den erkennenden Richtern vorhergehen (Art 4).

Verlesen sollen werden: der Verweisungsbeschluß, dienstliche Meldungen und Anzeigen, Protokolle über Augenschein, Haussuchung; Gutachten der Sachverständigen und Protokolle über die Vernehmung des Angeschuldigten aus den Untersuchungsakten auf Verfügung des Auditors (Art. 52), Leumunds- und Vermögenszeugnisse, Aussagen von Zeugen und Sachverständigen, deren persönliches Erscheinen aus erheblichen Gründen nicht möglich war (Art. 54).

Als Richter können nicht teilnehmen der Befehlshaber, welcher das Gericht zusammengesetzt hat, sowie jene Offiziere, welche bei Anordnung der Hauptverhandlung mitgestimmt haben (Art. 5).

Zur Ausübung des Richteramtes können nur großjährige Militärpersonen berufen werden; bei Unteroffizieren und Gemeinen wird nebstdem noch erfordert, daß sie wenigstens schon zwei Jahre in der Armee gedient haben (Art. 6); ausgeschlossen sind in Untersuchung stehende oder mit mittelmäßiger und tadelhafter Führung bezeichnete Militärpersonen (Art. 7).

Bei Militärbeamten sind zwei Berufsgenossen als Richter beizuziehen, wenn es sich um strafbare Handlungen in der Amtsführung handelt (Art. 8).

Die gleiche Sorgfalt soll in allen Stadien des Verfahrens auf Erhebung der zur Ueberführung und zur Verteidigung des Beschuldigten dienenden Umstände verwendet werden (Art. 9).

Die Militärgerichte entscheiden nach freier Würdigung der Beweise (Art. 10).

Die Beschlußfassung der Militärgerichte erfolgt nach vorausgegangener Beratung durch absolute Stimmenmehrheit; die Abstimmung geht von der untersten Rangstufe aufwärts; der Vorsitzende stimmt zuletzt (Art. 11).

Hat bei Verschiedenheit der Meinungen keine eine absolute Mehrheit für sich, so werden die dem Angeschuldigten nachteiligsten Stimmen den nächstfolgenden minder nachteiligen so lange beigezählt, bis sich hinsichtlich der Zahl aller Stimmenden eine entschiedene Mehrheit ergibt. Der Vorsitzende entscheidet im Zweifel darüber, welche der Meinungen dem Angeschuldigten nachteiliger sei (Art. 12).

. Die Hauptverhandlung ist öffentlich, jedoch nur für Offiziere und Militärbeamte, sowie Militärgerichtspraktikanten; dem Ermessen des Kommandanten ist überlassen, inwieferne auch Unteroffizieren und Gemeinen der Zutritt zu gestatten sei; ausgeschlossen von den Verhandlungen sind Personen, welche dem Militärstande nicht angehören (Art. 42).

Außerdem kann die Oeffentlichkeit mit Rücksicht auf die Disziplin oder die Sittlichkeit sowohl von dem Kommandanten, als durch einen Gerichtsbeschluß, und zwar entweder von Amts wegen oder auf Antrag des Staatsanwalts oder eines Beteiligten beseitigt werden (Art. 13).

Anklage.

Die Geschäfte der Staatsanwaltschaft sollen bei Verfolgung derjenigen militärischen Verbrechen und Vergehen, welche mit Verletzung der Dienst- und Standespflichten begangen wurden, einem Offiziere, in allen anderen Fällen einem Auditor oder Auditoriatspraktikanten übertragen werden; es kann dies jedoch auch bei anderen Reaten geschehen, soferne nicht Todes-, Ketten- oder Zuchthausstrafe in Frage steht (Art. 31).

Der Staatsanwalt hat das Recht der Akteneinsicht und der Ergänzung der Zeugenliste (Art. 34). Er kann auch vor Beginn der Hauptverhandlung aus erheblichen Gründen ein Vertagungsgesuch stellen, worüber der Kommandant nach Anhörung des Auditors entscheidet: dasselbe kann von Seite des Angeschuldigten oder seines Verteidigers geschehen (Art. 40).

Nach Beendigung des Beweisverfahrens hat der Staatsanwalt die Anklage zu begründen und auf Anwendung des Gesetzes anzutragen (Art. 57).

Verteidigung.

In Verbrechensfällen ist die Zuziehung eines Verteidigers gestattet; der Angeschuldigte hat das Recht, einen solchen zu wählen oder die Aufstellung von Amts wegen zu veranlassen.

Hat der Angeschuldigte einen Verteidiger nicht gewählt, so wird ihm ein solcher von Amts wegen beigegeben, wenn die Anklage auf ein mit Todes=, Ketten= oder Zuchthausstrafe bedrohtes Verbrechen lautet (Art. 37).

In Vergehensfällen liegt die Zulassung eines Verteidigers im Ermessen des Kommandanten (Art. 38).

Als Verteidiger können nur Offiziere, Militärbeamte und Auditoriatspraktikanten zugelassen werden (Art. 39).

Der Verteidiger hat das Recht der Fragestellung an den Angeschuldigten, an Zeugen und Sachverständige (Art. 56).

Sonstige Rechte des Angeschuldigten.

Der Angeschuldigte erhält Abschrift der Zeugenliste, eventuell der Anklageschrift mit der Befugnis, die Vernehmung weiterer Zeugen oder Sachverständigen innerhalb vierundzwanzig Stunden zu beantragen (Art. 35); über Vorladung derselben entscheidet der Kommandant nach vorheriger Prüfung durch den Auditor (Art. 36).

Dem Angeschuldigten, sowie dessen Verteidiger steht in der Hauptverhandlung das Recht zu, auf die Anklage zu antworten; ihm und seinem Verteidiger gebührt jedenfalls das letzte Wort: erst wenn der Angeschuldigte auf Befragen keine weitere Bemerkung zu machen hat, erklärt der Vorsitzende die Verhandlung für geschlossen (Art. 58).

Das Urteil muß ihm in der Gerichtssitzung verlesen werden (Art. 60).

Stellung des Militärrichters.

Der Auditor ist zu hören: vor Einleitung der Voruntersuchung (Art. 13), bei Beschlußfassung auf die Voruntersuchung mit beratender Stimme (Art. 18), bei Entscheidung von Vertagungs=

gesuchen (Art. 40); der Auditor, welcher die Voruntersuchung ge=
führt hat, muß auch der Hauptverhandlung beiwohnen (Art. 44);
er hat die Richter zu beeidigen (Art. 46), leitet die Hauptverhand=
lung; kann die Verlesung von Protokollen aus den Untersuchungs=
akten anordnen (Art. 52); er hat bei der Beratung der Kriegs=
gerichte anwesend zu sein, und zwar zuerst bei den unteren Klassen,
dann bei den Offizieren; er hat die nötigen Aufschlüsse zu geben
(Art. 60) und das Urteil abzufassen (Art. 65).

Erkennende Gerichte.

Die Hauptverhandlung wird in Verbrechensfällen vor einem
Kriegsgerichte, in Vergehensfällen vor einer größeren Kriegs=
kommission gepflogen (Art. 29).

Der Gang der Verhandlung richtet sich im allgemeinen nach
den Vorschriften, welche im Gesetze vom 10. November 1848 über
das Verfahren vor den Zivilgerichten gegeben sind; was von dem
kreis= und stadtgerichtlichen Senate gilt, wird im allgemeinen auch
auf die Kriegsgerichte und größeren Kriegskommissionen angewendet
(Art. 50).

Verfahren in den höheren Instanzen.

Alle kriegsgerichtlichen Urteile, sowie die Urteile der größeren
Kriegskommissionen über Offiziere und Militärbeamte unterliegen
gemäß §§ 514, 515 der Dienstvorschriften einer Revision bei dem
Generalauditoriate (Revisionsgericht); abgeurteilt wird in mili=
tärischen Verbrechensfällen in einem Senate, zusammengesetzt aus
dem Vorstande, zwei Stabsoffizieren und zwei Oberauditoren; bei
gemeinen Verbrechen besteht der Senat aus dem Vorstande und
vier Oberauditoren.

Der Senat wird verstärkt sowohl bei militärischen, als ge=
meinen Verbrechen, wenn Todes= oder Kettenstrafe in Frage steht
(Art. 69 u. ff.).

Das Revisionsgericht prüft die Förmlichkeiten, die Richtigkeit
des Ausspruches über Schuld oder Nichtschuld nach Lage der
Akten; die richtige Feststellung der Strafe, indem es eventuell auf
die entsprechende Strafe erkennt (Art. 73, 74). Es erfolgt ent=
weder Bestätigung oder Aufhebung des kriegsgerichtlichen Urteils
unter Verweisung an das Kriegsgericht eines anderen Truppen=
teils (Art. 75 ff.).

Revisionsinstanz bezüglich der Urteile der größeren Kriegs=
kommissionen über Offiziere und Militärbeamte ist das Divisions=
Kommando (Art. 80).

6*

Ungehorsamsverfahren.

Ist ein der Desertion oder eines militärischen Vergehens Beschuldigter landesabwesend oder unbekannten Aufenthaltes, so sind zwar Maßregeln zu seiner Sistierung anzuordnen, das weitere Verfahren aber so lange einzustellen, bis der Beschuldigte persönlich vor Gericht gestellt werden kann.

In allen Verbrechens- und Vergehensfällen, welche nicht zu den oben bezeichneten gehören, kommen die einschlägigen Vorschriften des Gesetzes vom 10. November 1848 in Anwendung.

Wiederaufnahme des Verfahrens.

Ein diesbezügliches Gesuch ist bei dem Kommando, von welchem die Aburteilung erfolgte, einzureichen und von diesem gutachtlich dem Generalauditoriate vorzulegen, welches hierüber entscheidet (Art. 84—86).

In der Schlußbestimmung vorstehender Verordnungen werden jene Bestimmungen der Dienstvorschriften, welche mit der vorstehenden Verordnung nicht vereinbar sind, aufgehoben.

Das Verfahren bei gemischt-gerichtlichen Untersuchungen ist durch Gesetz vom 1. Juli 1856 (Gesetzblatt vom 7. August 1856 Nr. 24 S. 403) festgestellt.

Bei Zusammentreffen von Zivil- und Militärpersonen in Verübung eines und desselben Verbrechens oder Vergehens ist die Voruntersuchung durch den Ziviluntersuchungsrichter und einen Militärrichter gemeinsam zu führen, wenn nicht die Militärbehörde hierauf verzichtet; in diesem Falle wird die Voruntersuchung von dem Ziviluntersuchungsrichter mit voller Wirksamkeit auch gegen die Militärperson geführt (Art. 1).

Ergibt sich der Fall des Zusammentreffens bei einem Zivilgerichte, so ist der Militärbehörde sofort Anzeige zu machen behufs Abordnung eines Militärrichters oder Verzichtserklärung bei Strafe der Nichtigkeit des gesamten Verfahrens in Richtung auf die Militärperson, wenn es nicht nachträglich von der Militärbehörde genehmigt wird (Art. 2, 6).

Dasselbe Verfahren hat das Militärgericht gegenüber dem Zivilgerichte zu beobachten, wenn sich bei ihm ein Fall des Zusammentreffens ergibt.

Die Akten der Voruntersuchung sind der zuständigen Militärbehörde zur Erklärung mitzuteilen, ob die weitere Behandlung der Sache dem bürgerlichen Strafgerichte überlassen werden wolle (Art. 3). Geschieht dies, so geht das ganze Verfahren auf das Zivilgericht über, welches auch auf die gesetzlichen Folgen der erkannten Strafe in Bezug auf die Entfernung aus dem Heere erkennt (Art. 5).

§ 20. Reform der Strafrechtspflege in Bayern durch Gesetz vom 10. November 1861.

Seit Einführung der Schwurgerichte erschien eine gründliche Reform des materiellen Strafrechtes notwendig. Schon in den nächsten Jahren, nach Publikation des Gesetzes vom 10. November 1848, wurden Entwürfe eines Strafgesetzbuches ausgearbeitet:

Der Entwurf vom Jahre 1851, der erste Teil eines Strafgesetzbuches für das ganze Königreich, von dem nur die Prinzipien beraten wurden; im gleichen Jahre folgte der Entwurf eines Polizeistrafgesetzbuches.

Diese Entwürfe wurden nicht durchgeführt.

Der Entwurf vom Jahre 1853 kam im Landtage nicht mehr zur Beratung; er wurde unverändert an den Landtag vom Jahre 1855 gebracht und von den Ausschüssen im Jahre 1856 auf 1857 beraten.

Als Ueberarbeitung der Entwürfe vom Jahre 1853 und 1855 zu einem Gesetzbuche über Verbrechen und Vergehen wurden den Ausschüssen am 5. Juni 1860 die revidierten Entwürfe eines Strafgesetzbuches, Polizeistrafgesetzbuches und eines Einführungsgesetzes vorgelegt, welche die Allerhöchste Sanktion durch Landtagsabschied vom 10. November 1861 unter dem Titel: „Strafgesetzbuch für das Königreich Bayern" mit Geltung vom 1. Juli 1862 erhielten.

Die Grundlagen dieses Gesetzbuches sind: das preußische Strafgesetzbuch vom Jahre 1851, also mittelbar das rheinischfranzösische Recht; es war hauptsächlich für den allgemeinen Teil, sowie für einzelne Materien, wie Versuch, Teilnahme maßgebend; — ferner das Strafgesetzbuch vom Jahre 1813, als Vorbild für Abhandlung vieler Delikte.

Durch Einführungsgesetz vom 10. November 1861 wird Teil I des Strafgesetzbuches vom Jahre 1813 und der Code pénal — das in der Pfalz geltende französische Strafgesetzbuch — aufgehoben; ebenso unter anderen das Gesetz vom Jahre 1851, „Verleitung von Militärpersonen zur Untreue" betreffend. Aufrecht bleiben alle zu Recht bestehenden Gesetze und Verordnungen, welche die Bestrafung militärischer Verbrechen, Vergehen oder Uebertretungen, dann das Kriegsrecht, den Kriegs- oder Belagerungszustand betreffen; ferner die gesetzlichen Bestimmungen über Standrecht aus Teil II des Strafgesetzbuches vom Jahre 1813; endlich das Heerergänzungsgesetz vom 25. August 1828 (Art. 3).

Die Zuständigkeit ist in nachstehender Weise (Art. 31) festgesetzt:

Die Schwurgerichte urteilen über alle Verbrechen und Preßvergehen; alle übrigen Vergehen werden von den Bezirksgerichten in Senaten mit drei Richtern in erster Instanz, und von Appellationsgerichten in Senaten mit fünf Richtern in zweiter Instanz abgeurteilt. Die Uebertretungen werden in der Regel in erster Instanz durch die Einzelrichter — Stadt= und Landgerichte — in zweiter durch die Bezirksgerichte in Senaten mit drei Richtern abgeurteilt.

Das Oberappellationsgericht bildet in allen Verbrechens=, Vergehens= und Uebertretungssachen den Kassationshof für das ganze Königreich; es entscheidet ein Senat, bestehend aus 7 Mit= gliedern.

Bei den Einzelngerichten diesseits des Rheins werden die Geschäfte der Staatsanwaltschaft entweder von besonders ernannten Beamten oder Funktionären oder von denjenigen Staats= oder Gemeindebediensteten versehen, welche von den einschlägigen Mini= sterien beauftragt sind; sie stehen unter Aufsicht der an den höheren Gerichten aufgestellten Staatsanwälte.

Die Bestimmungen über die Zuständigkeit der Militär= gerichte und Militärbehörden in Strafsachen (Verordnung vom 14. April 1856) erleiden durch vorstehende Vorschriften des Art. 31 keine Veränderung (Art. 34).

An prozessualen Bestimmungen enthält das Ausführungs= gesetz Vorschriften für den Kassationshof (Art. 122 ff.).

Bei Todesurteilen geschieht die Prüfung, ob kein Nichtig= keitsgrund vorliege, von Amts wegen. Wird die Nichtigkeitsbeschwerde vom Angeschuldigten eingelegt, so kann er Mitglieder des Kassations= hofes ablehnen; die Beschwerdegründe kann er binnen 14 Tagen in einer Denkschrift ausführen oder durch einen Rechtsverständigen mündlich vorbringen lassen.

In der öffentlichen Verhandlung trägt zuerst der Referent den Gang des bisherigen Verfahrens und die Nichtigkeitsgründe vor; hierauf erhält der Beschwerdeführer oder sein Verteidiger das Wort; das Recht der letzten Aeußerung gebührt dem Angeschuldigten oder seinem Verteidiger.

Beratung und Abstimmung ist geheim; die Entscheidung ge= schieht nach absoluter Stimmenmehrheit; das Erkenntnis mit Gründen ist in öffentlicher Sitzung zu verkünden.

Wird die Nichtigkeitsbeschwerde für begründet erachtet, so wird das angegriffene Urteil je nach Umständen ganz oder teil= weise vernichtet.

Das Urteil ist dem Angeschuldigten in Abschrift zuzustellen, wenn weder dieser, noch ein Vertreter der Verhandlung beigewohnt hatte.

Die Verhandlung und Entscheidung über Beschwerden zur Wahrung des Gesetzes richtet sich nach denselben Vorschriften; der Angeschuldigte hat sich bei der Verhandlung nicht zu beteiligen.

Die Veränderungen in der Gerichtsverfassung wurden durch das Gesetz vom 10. November 1861 bewirkt. Die Gerichtsbarkeit wird ausgeübt durch Stadt- oder Landgerichte als Einzelgerichte, durch Bezirksgerichte, Appellationsgerichte und durch das Oberappellationsgericht (Art. 32).

Der Wirkungskreis der vormaligen Kreis- und Stadtgerichte geht auf die Bezirksgerichte über (Art. 35).

Geschäftsaufgabe der Stadt- oder Landgerichte ist das Richteramt in bürgerlichen Rechtsstreitigkeiten und die Aburteilung der Uebertretungen (Art. 22).

Beim Oberappellationsgericht besteht ein Generalstaatsanwalt; bei den Appellationsgerichten fungieren Oberstaatsanwälte, bei den Bezirks-, Stadt- oder Landgerichten Staatsanwälte (Art. 60—65).

§ 21. Entwicklung des Militärstrafverfahrens im Anschluß an die Strafrechtsreform des Jahres 1861.

Im Anschlusse an vorstehende Gesetzgebung erging die Kgl. Allerh. Verordnung vom 9. Juli 1862 (Militärverordnungsblatt Nr. 12).

Die wiederholte Umgehung der Landesvertretung hatte Reklamationen des Landtages zur Folge, welche in dem Kommissionsberichte der Kammer der Abgeordneten vom 19. September 1863 (Beilagen-Band IV der stenographischen Berichte, Beilage 59) zum Ausdrucke gelangten.

Als Motiv bezeichnet diese Verordnung: „aus Veranlassung der neuen Strafgesetzgebung und bei deren Einfluß auf das militärgerichtliche Strafverfahren sei eine Revision der Verordnung vom 14. April 1856, das militärische Strafverfahren betreffend, notwendig geworden".

Die Bestimmungen dieser Revision sind folgende: Die Vorschriften des Gesetzes vom 10. November 1861, die Einführung des Strafgesetzbuches und des Polizeistrafgesetzbuches betreffend, bezüglich des Verfahrens in gemeinen Verbrechens-, Vergehens- und Uebertretungssachen haben auch bei den Militärgerichten in Anwendung zu kommen, insoweit weder die noch geltenden Bestimmungen der Dienstvorschriften, noch die Verordnung vom 14. April 1856 etwas anderes festsetzen (Art. 1).

Voruntersuchung.

Unteroffiziere und Gemeine dürfen während der Untersuchungshaft nur dann mit Fesseln belegt werden, wenn sie durch ihr Betragen diese zur Zuständigkeit des Kommandanten gehörige Maßregel notwendig machen (Art. 3).

Die Beschlußfassung auf die Voruntersuchung geschieht

nach Aktenvorlage durch das betreffende Generalkommando, und zwar in allen gemeinen Verbrechens= und Vergehensfällen, dann in jenen militärischen Vergehensfällen, in welchen die Anschuldigung gegen einen Offizier oder Militärbeamten gerichtet ist (Art. 4).

Wenn die nach Verordnung vom Jahre 1856 zur Beschluß= fassung auf die Voruntersuchung angeordnete Kommission die vom Untersuchungsgerichte verfügte Untersuchungshaft nicht für gerecht= fertigt hält, so kann sie dieselbe aufheben (Art. 5).

Die Verhaftung eines Unteroffiziers oder Gemeinen ist zu verfügen, wenn er zur Hauptverhandlung wegen eines mit Ge= fängnis von wenigstens zwei Jahren bedrohten gemeinen Vergehens verwiesen ist (Art. 6).

Hauptverhandlung.

Die Zusammensetzung der Kriegsgerichte in Verbrechens= fällen der Unteroffiziere und Gemeinen wird neu geregelt:

Gegen Unteroffiziere, außer einem Stabsoffizier als Vor= stand, aus je zwei Richtern aus der Charge der Hauptleute, Ober= und Unterlieutenants, zwei Feldwebeln, zwei Sergeanten, zwei Korporälen.

Gegen Gemeine, außer den Offizieren und Feldwebeln und statt der Sergeanten und Korporäle, aus zwei Korporälen und zwei Gemeinen (Art. 7).

Die Staatsanwaltschaft kann bei militärischen Verbrechen und Vergehen ausnahmsweise auf einen Auditor oder Auditoriats= praktikanten übertragen werden (Art. 8).

Die Verteidigung ist auch in gemeinen Vergehensfällen gestattet; bei gemeinen Verbrechen kann sich der Angeschuldigte auch durch einen rechtsverständigen Nichtmilitär, jedoch auf eigene Kosten verteidigen lassen (Art. 9).

Die Oeffentlichkeit der Hauptverhandlung wird auf Ver= wandte, Verschwägerte und Vormünder des Angeschuldigten aus= gedehnt (Art. 11).

Revision.

Es wird unterschieden zwischen der notwendigen und der freiwilligen oder beantragten Revision.

Der ersteren unterliegen alle verurteilenden Erkenntnisse der Kriegsgerichte und der in Vergehenssachen der Offiziere und Militär= beamten angeordneten größeren Kriegskommissionen (Art. 14).

Nur auf Antrag des Kommandanten oder des Staats= anwaltes sollen in Revision genommen werden: freisprechende Urteile der Kriegsgerichte und der größeren Kriegskommissionen, welche in Vergehensfällen der Offiziere und Militärbeamten, dann in gemeinen Vergehenssachen der Unteroffiziere und Soldaten an=

geordnet wurden (Art. 13). Verurteilende Erkenntnisse in den letztgenannten Sachen können auf Antrag des Staatsanwaltes oder des Beschuldigten revidiert werden (Art. 15).

Der Antrag ist an eine Frist von 24 Stunden von der Urteilsverkündung an gebunden.

Im Falle der Verurteilung ist der Angeschuldigte in Kenntnis zu setzen, daß auch ihm die Befugnis zustehe, auf Revision anzutragen.

Wird von keiner Seite innerhalb obiger Frist eine Revision des verurteilenden Erkenntnisses der größeren Kriegskommission beantragt, so ist dasselbe zu vollziehen (Art. 16—19).

Sowohl im Falle der notwendigen als der freiwilligen Revision sind die Urteile der Militärgerichte dem Generalauditoriate zur oberstrichterlichen Prüfung vorzulegen (Art. 20).

Verfahren in der Revisionsinstanz.

Die Senate in militärischen Vergehensfällen werden aus dem Vorstande, zwei Stabsoffizieren und zwei Oberauditoren; in gemeinen Vergehenssachen aus dem Vorstande und vier Oberauditoren und in gemeinen Verbrechensfällen, wenn lebenslängliche Zuchthausstrafe in Frage ist, aus dem Vorstande und sechs Oberauditoren zusammengesetzt (Art. 21).

Auch im Falle der freiwilligen Revision hat sich das Generalauditoriat nicht auf die Beschwerdepunkte zu beschränken, sondern hat zu prüfen, ob die Förmlichkeiten beobachtet sind, ob der Ausspruch über Schuld oder Nichtschuld gerechtfertigt erscheint, ob die Strafe richtig festgestellt worden ist (Art. 22).

Für das weitere Verfahren bei der Revision in Vergehenssachen sind die einschlägigen Vorschriften der Verordnung vom Jahre 1856 maßgebend.

Wurde von einem Kriegsgerichte infolge Verweisung durch Revisionsprüfung die Sache von neuem verhandelt und abgeurteilt, so sind diese Urteile dem Generalauditoriate neuerdings zur Revision vorzulegen; das Gleiche gilt von verurteilenden Erkenntnissen der größeren Kriegskommissionen gegen Offiziere und Beamte (Art. 24).

Die Revisionsinstanz kann, wenn es ein Urteil aufhebt, zugleich die Entlassung des Angeschuldigten aus der Haft von Amts wegen verfügen (Art. 26).

Ungehorsamsverfahren.

Wird gegen ein im Ungehorsamsverfahren ergangenes Urteil von dem Kommandanten oder dem Staatsanwalte die Revision beantragt bei gleichzeitigem Einspruche des Angeschuldigten, so hat die Revision bis zur Erledigung des Einspruches zu beruhen (Art. 27).

Wird der Einspruch nach Ablauf der achttägigen Frist er=
hoben und nachgewiesen, daß die frühere Anmeldung unmöglich
war, so steht in dem Falle, daß derselbe gegen das Urteil einer
größeren Kriegskommission geltend gemacht wird, die Entscheidung
über die formelle Zulässigkeit dem Kommandanten nach Anhörung
des Auditors zu; ist der Einspruch unter denselben Umständen
gegen ein oberstrichterliches Erkenntnis gerichtet, so entscheidet das
Generalauditoriat und ordnet die wiederholte Verhandlung der
Sache an, wenn es den Einspruch noch für zulässig erachtet
(Art. 28).

Verfahren in Uebertretungssachen.

Das Verfahren in Uebertretungssachen der Militärpersonen
hat sich im allgemeinen nach den für gemeine Vergehenssachen
bestehenden militärischen Verfahren zu richten; es besteht hier also
auch eine Voruntersuchung in Uebertretungsfällen; die
Beschlußfassung hierauf erfolgt durch eine niedergesetzte Kommission
(Art. 29, 30).

In Uebertretungssachen wird ein Verteidiger zugelassen,
wenn es aus besonderen Gründen als zweckmäßig erscheint (Art. 31).

Stellt sich in der Hauptverhandlung die als Uebertretung
bezeichnete That als gemeines Vergehen heraus und richtet der
Staatsanwalt die Anklage hierauf, so ist das Militärgericht zur
Aburteilung der That als Vergehen zuständig (Art. 33).

In den Schlußbestimmungen hebt vorstehende Verordnung
die mit ihr nicht mehr vereinbarten Teile der Dienstvorschriften
auf; ferner mehrere Punkte aus der Verordnung vom 14. April
1856, nämlich: Art. 18 Abs. 1; Aktenvorlage an die Divisions=
kommandos nach Durchführung der Voruntersuchung in allen Ver=
brechensfällen und in denjenigen Vergehensfällen, wobei Offiziere
oder Beamte angeschuldigt sind; ferner die Vorschrift, wonach alle
kriegsgerichtlichen Urteile und solche der größeren Kriegskommissionen
gegen Offiziere u. s. w. einer Revision unterliegen; die hierauf bezüg=
liche Aktenvorlage an das Generalauditoriat (Art. 69, 70); endlich
die in den Artikeln 78—81 enthaltenen Vorschriften über wieder=
holte Revision von Urteilen, welche infolge Verweisung von neuem
gefällt wurden.

* * *

Die Entwicklung des Militärstrafprozesses, wie sie sich in
den Verordnungen vom Jahre 1856 und 1862 kundgibt, führt zu
dem bemerkenswerten Resultate:

Gerade Oeffentlichkeit, Mündlichkeit, unbeschränkte Verteidig=

ung, also das Hauptverfahren mit seinen Attributen, und das System der Rechtsmittel finden nur schwer Eingang im Militärstrafprozeß. Die Macht der Standesinteressen verzögert den Gang der Reform.

---

3. Kapitel.

Weitere Entwickelung des bayerischen Militärstrafverfahrens auf Grund der Reichsgesetzgebung.

§ 22. Staatswesen.

(Seydel, Bayer. Staatsrecht. — Rönne, Verfassung des Deutschen Reiches. Berlin 1895.)

Die staatsrechtlichen Verhältnisse Bayerns im Verbande des Deutschen Reiches, dem es durch den Vertrag von Versailles beigetreten ist, die Gebiete der Gesetzgebung, in denen die Thätigkeit des Reiches zur Geltung kommt, die Stellung des Königs von Bayern als Bundesglied sind im Staatsrecht (Seydel I. S. 508) und in Art. 4 Reichsverfassung aufgeführt.

Die Stellung des bayerischen Heeres nach Bündnisvertrag vom 23. November 1870 ist in Anlage IX Reichsverfassung festgestellt; die Bestimmungen über Ausschluß des kaiserlichen Verordnungsrechtes in bayerischen Armeeangelegenheiten, über die dem König von Bayern zustehende Militärjustizhoheit sind in Seydels Staatsrecht VI. Seite 505 ff. ausgeführt.

Daselbst (IV. S. 560, VI. 501, 540 ff.) findet sich auch die Darstellung der Heeresgesetzgebung Bayerns seit dem Eintritt in das Reich.

Der Grundsatz der allgemeinen Wehrpflicht hat in der Umgestaltung des bayerischen Militärstrafverfahrens längst Beachtung gefunden; im deutschen Militärstrafprozeß ist er vollständig ignoriert.

§ 23. Entwickelung des bayerischen Militärstrafverfahrens vom Jahre 1869 bis zur Vollendung durch die Reichsgesetzgebung.

(Weigel, Der bayer. Militärstrafprozeß. Nürnberg 1889. — Rönne, Reichsverfassung.)

1. Durch das Militärstrafgesetzbuch und die Militär-Strafgerichtsordnung vom 29. April 1869, in Kraft vom 1. Januar 1870, wurde die gesamte Militärstrafgesetzgebung neu und in verfassungsmäßiger Weise geregelt.

Das Einführungsgesetz vom 29. April 1869 (Gesetzblatt 1866/69 S. 1341) setzt mit dem 1. Januar 1870 alle dermalen bestehenden Bestimmungen über Bestrafung militärischer Verbrechen und Vergehen, sowie jene über Verfassung und Verfahren der Militärstrafgerichtsordnung außer Wirksamkeit.

Das Militärstrafverfahren richtet sich gemäß Art. 100 der Militärstrafgerichtsordnung nach den für das bürgerliche Strafverfahren in den Landesteilen rechts des Rheins geltenden gesetzlichen Bestimmungen.

Die Neuerungen der Militärstrafgerichtsordnung vom Jahre 1869 beziehen sich sowohl auf Gerichtsverfassung, als Verfahren.

Die Militärstrafgerichtsbarkeit wird ausgeübt durch Untergerichte, Bezirks- und Feldgerichte, durch das Obergericht und die Standgerichte (Art. 14)

Die Untergerichte bestehen nach Bedürfnis bei den selbstständigen Abteilungen und Kommandantschaften; sie sind zusammengesetzt aus dem Kommandanten als Vorstand, einem Offizier und dem Auditor als Beisitzer, einem Aktuar.

Sie haben lediglich die Uebertretungen abzuurteilen (Art. 14, 16, 24).

Den Mittelpunkt der Justizpflege bilden die Bezirksgerichte bei den höheren Kommandobehörden; an ihre Stelle treten im Falle der Mobilisierung Feldgerichte über die Korps. Der Wirkungsbereich der Bezirksgerichte ist ein territorialer: Zahl und Sitz sind dem Verordnungswege überlassen (Art. 17); Bezirks- und Feldgerichte sind zusammengesetzt aus dem Kommandanten als Vorstand, einem Auditor als Direktor, der erforderlichen Zahl von Offizieren und Auditoren als Richter und einem Sekretär (Art. 18).

Die Bezirksgerichte sind kompetent zur Aburteilung von Verbrechen, Vergehen und gleich letzteren zu behandelnden Uebertretungen (Art. 35); sie urteilen in Verbrechens- und Vergehenssachen — mit Ausschluß der Ungehorsamsfälle und Uebertretungen — unter Zuziehung von Geschworenen (Art. 37).

Sie fassen Beschluß auf die im Bezirke angefallenen Voruntersuchungen; verbescheiden die gegen Beschlüsse und sonstige Amtshandlungen der Untersuchungsrichter erhobenen Anstände, die vorgebrachten Ablehnungen gegen dieselben, sowie Kompetenzkonflikte, die sich zwischen Untersuchungsrichtern und zwischen Untergerichten ihres Bezirkes ergeben (Art. 36).

Bei jedem Militärbezirksgericht ist ein Staatsanwalt, welcher dem Oberstaatsanwalt am Obergerichte untersteht, aus dem Stande der Militär-Justizbeamten aufgestellt (Art. 82, 83): er hat das öffentliche Interesse zu wahren und über die Beachtung der gesetzlichen Vorschriften zu wachen.

Die für den staatsanwaltschaftlichen Dienst bei den Untergerichten angestellten Offiziere oder Gerichtspraktikanten stehen unter den Staatsanwälten an den Bezirksgerichten (Art. 83).

Sie haben bei den Verhandlungen die Anklage durchzuführen und den Vollzug der strafrichterlichen Urteile und Beschlüsse zu beantragen (Art. 85, 88).

Der Geschäftsbereich des Militärobergerichtes entspricht jenem des Oberappellationsgerichtes als Kassationshof; ersteres ist zusammengesetzt aus 1 General als Präsidenten, dem Generalauditor als Direktor, aus 7 (bei Todesurteilen) bezw. 5 Richtern und 1 Sekretär (Art. 20, 53).

Das Verfahren bei den Militär=Bezirksgerichten ist folgendes:

Nach Einlauf der auf Diensteid zu erstattenden schriftlichen Anzeigen hat der Kommandant die Einleitung der Voruntersuchung anzuordnen; diese ist von einem hinsichtlich der Untersuchungshandlungen und des Prozeßganges selbständigen und hiefür verantwortlichen Auditor mit einem Aktuare zu führen (Art. 105, 107, 33).

Von einer Voruntersuchung ist Abstand zu nehmen, wenn die betreffende Anzeige hinsichtlich des Thatbestandes, Thäters, sowie der Beweismittel so erschöpfend ist, daß daraufhin sofort die Anklage begründet werden kann (Art. 107, 118).

Das Militär=Bezirksgericht hat über die Voruntersuchung Beschluß zu fassen in einem Senate von 3 Gerichtsmitgliedern; er wird bei militärischen Verbrechens= oder Vergehensfällen aus 2 Auditoren und 1 Offizier; außerdem stets aus Auditoren zusammengesetzt (Art. 119, 42).

Gegen den Verweisungsbeschluß ist das Rechtsmittel der Nichtigkeitsbeschwerde zulässig (Art. 123). Ist derselbe rechtskräftig, so wird der Tag der Hauptverhandlung anberaumt, der Gerichtshof ernannt, die Geschworenendienst= und Zeugenliste aufgestellt (Art. 126).

Nunmehr beginnt auch die Thätigkeit der Verteidigung. Artikel 92 der M.St.G.O. hat das Prinzip der freien Verteidigung aufgestellt; der eines Verbrechens oder Vergehens Beschuldigte hat das Recht, sich einen Verteidiger zu wählen oder die Aufstellung eines solchen von Amts wegen zu verlangen.

Der Verteidiger hat das Recht, die Akten einzusehen und das Interesse des Beschuldigten in jeder Beziehung zu wahren (Art. 92).

Verteidigung ist selbst bei Uebertretungen zugelassen (Art. 93).

Im schwurgerichtlichen Verfahren besteht der Gerichtshof bei gemeinen Verbrechens= und Vergehenssachen aus dem Gerichtsdirektor und 2 Auditoren; hiezu kommen bei militärischen

Verbrechen noch 2 Offiziere; in militärischen Vergehenssachen bestehen die Richter aus dem Direktor, 1 Offizier und 1 Auditor (Art. 39, 40).

Der Wahrspruch wird bei Verbrechen von 12, bei Vergehen von 9 Geschworenen abgegeben (Art. 38). Sie entscheiden über die Schuldfrage.

Bezüglich der Befähigung zum Geschworenendienst ist das zurückgelegte 25. Lebensjahr erforderlich; der Stand der Gemeinen ist ausgeschlossen; berufen sind nur Offiziere und Unteroffiziere.

Im Vorbereitungsverfahren — nicht erst bei Beginn der Verhandlung — kann der Angeklagte in Verbrechensfällen 6, in Vergehensfällen 5, der Staatsanwalt in ersteren 6, in letzteren 4 von den auf der Dienstliste verzeichneten Geschworenen ablehnen bezw. streichen (Art. 75).

Die Geschworenen bestehen bei Anklagen gegen einen Unteroffizier oder Gemeinen aus $1/3$ Hauptleuten, $1/3$ Lieutenants, $1/3$ Unteroffizieren; bei Anklagen gegen Offiziere richtet sich die Zusammensetzung nach der Charge (Art. 70).

Acht Tage vor dem Verhandlungstermine muß der Angeklagte von der Geschworenendienst- und Zeugenliste in Kenntnis gesetzt und über das Recht der Ablehnung von Geschworenen und der Benennung weiterer Zeugen belehrt werden (Art. 126 ff.).

Bei der Hauptverhandlung eröffnet der Vorsitzende die Sitzung; außer drei Verwandten, Verschwägerten oder Freunden des Angeklagten haben nur erwachsene männliche Personen Zutritt. Der Angeklagte wird ohne Fesseln vorgeführt; der Gerichtsdirektor ruft die Geschworenen einzeln bei Namen auf und beeidigt sie.

Nachdem der Angeklagte über seine persönlichen Verhältnisse befragt ist (Art. 134), erfolgt Verlesung des Verweisungsbeschlusses und Vorruf der Zeugen, welche nach Ermahnung zur Angabe der Wahrheit wieder abtreten.

Hierauf erfolgt das Beweisverfahren (Art. 147 ff. des Strafprozeßgesetzes vom 10. November 1848).

Nach Durchführung desselben begründet der Staatsanwalt die Anklage; der Angeklagte und sein Verteidiger hat das Recht, hierauf zu antworten; Replik steht dem Staatsanwalte zu; dem Angeklagten und seinem Verteidiger gebührt das letzte Wort.

Nachdem der Präsident den Angeklagten befragt hat, ob er noch eine Bemerkung zu machen habe, erklärt er die Verhandlung für geschlossen (Art. 170 a. a. O.).

Bezüglich der Fragestellung, Erinnerungen dagegen, des Verhaltens der Geschworenen gelten die Bestimmungen des Strafprozeßgesetzes vom Jahre 1848 (Art. 171, 172, 179 ff.).

Die Funktion des Obmannes übt der Dienstälteste der höchsten Charge aus (Art. 147 M.St.G.O.).

Die Abstimmung beginnt von unten; in jeder Charge hat
der im Dienstalter jüngere zuerst seine Stimme abzugeben (Art. 102
M.St.G.O.).

Der Schuldausspruch erfordert bei 12 Geschworenen eine
Mehrheit von 8, bei 9 Geschworenen von 6 Stimmen; die Verneinung von Strafmilderungsgründen im ersteren Falle eine Mehrheit von 7, im zweiten von 5 Stimmen (Art. 148).

Der weitere Verlauf nach Rückkehr der Geschworenen in den
Sitzungssaal richtet sich nach den oben aufgeführten Artikeln 195
bis 199; Beratung und Abstimmung des Schwurgerichtshofes, die
Urteilsverkündung vollzieht sich nach Art. 206 bis 215 des Strafprozeßgesetzes vom Jahre 1848.

Die Militärstrafgerichtsordnung (Art. 152 ff.) hat die Rechtsmittel des Strafprozeßgesetzes angenommen (Art. 231 ff., 254 ff.,
265 ff.).

Nichtigkeitsbeschwerde, Beschwerde zur Wahrung des Gesetzes, Wiederaufnahme des Verfahrens.

Die Nichtigkeitsbeschwerde ist vom Angeklagten oder
Staatsanwalte binnen drei Tagen nach der Urteilsverkündung anzumelden (Art. 235, 236 St.P.G.).

Die Beschwerdepunkte sind genau zu bezeichnen (Art. 150
M.St.G.O.).

Die Akten gehen an das Obergericht, welches in einem
Senate von 5 Richtern erkennt (Art. 53 M.St.G.O.).

Das Verfahren richtet sich nach Art. 241 b. St.P.G.

Ist die Beschwerde begründet, so wird das Urteil ganz oder
teilweise vernichtet (Art. 158, 159 M.St.G.O.).

Die Beschwerde zur Wahrung des Gesetzes kann der
Staatsanwalt binnen drei Tagen nach der Urteilsverkündung nach
den Bestimmungen des Strafprozeßgesetzes zum Obergerichte erheben (Art. 254 ff.).

Die Wiederaufnahme des Verfahrens kann ein Verurteilter jederzeit unter den im Strafprozeßgesetze (Art. 265) aufgeführten Voraussetzungen nachsuchen.

Das Verfahren der Militär-Untergerichte richtet sich
nach den für das Verfahren in Uebertretungssachen vor dem Zivilrichter bestehenden allgemeinen gesetzlichen Vorschriften (Art. 181
M.St.G.O.).

Als Rechtsmittel steht dem Beschuldigten und Staatsanwalte
die Nichtigkeitsbeschwerde unter den gesetzlichen Voraussetzungen zu
(Art. 189 a. a. O.).

Die Militärstandgerichte sind außerordentliche Gerichte
für bestimmte Verbrechen und werden für jeden einzelnen Fall

durch denjenigen Befehlshaber bestimmt, welchem die Ausübung
des Standrechtes zukommt.

Die Standgerichte bestehen aus dem Vorstande und 12 Richtern,
welche nach Art der Geschworenen berufen werden.

2. Die Gültigkeit der Militärstrafgerichtsordnung vom Jahre
1869 wurde Bayern im Vertrage vom 23. November 1870, betreffend den Beitritt Bayerns zur Verfassung des deutschen Bundes,
und in der Schlußbestimmung zum XI. Abschnitt der Reichsverfassung
vom 16. April 1871 gewährleistet.

Durch Einführung des Militärstrafgesetzbuches für das Deutsche
Reich wurden die Gesetze vom 28. April und 27. September 1872
veranlaßt.

Mit Beginn der neuen Justiz-Aera, welche die Einheit der
deutschen Rechtspflege und des deutschen Verfahrens mit sich brachte,
erließ Bayern das Gesetz vom 18. August 1879 zur Ausführung
der Reichsstrafprozeßordnung; es enthält auch Aenderungen der
Militärstrafgerichtsordnung.

Durch die letztgenannten Gesetze vom Jahre 1872 und 1879
hat sich die bayerische Militärstrafgerichtsordnung an das Reichs-
strafgesetzbuch und an die Reichsstrafprozeßordnung angeschlossen.

Die neueste Fassung der Militärstrafgerichtsordnung ergab
sich für gewisse Materien schon durch Gesetz vom 28. April, für
andere durch Gesetz vom 27. September 1872; manche erhielten
sie erst durch Zusammenwirken beider Gesetze, wie z. B. die Kom-
petenzbestimmungen.

3. Das Gesetz vom 28. April 1872 erstreckt sich über
das ganze Gebiet der Militärstrafgerichtsordnung vom Jahre 1869:
Militärstrafgerichtsbarkeit (Art. 1, 3, 4, 5, 6, 8);
 Zuständigkeit der Militäruntergerichte (Art. 24);
 Zuständigkeit der Militärbezirksgerichte (Art. 35);
Urteil der letzteren mit Zuziehung von Geschworenen oder
 ohne dieselben (Art. 37);
Abgabe des Wahrspruches (Art. 38);
Wirkungskreis und Geschäftsgang der Militär-Bezirksgerichte
 (Art. 40—47);
Wirkungskreis und Geschäftsgang des Militär-Obergerichtes
 (Art. 51, 55);
Militär-Geschworene; Befähigung und Verpflichtung zum
 Geschworenendienst: Zusammensetzung derselben; Ab-
 lehnungsrecht des Beschuldigten und Staatsanwaltes; Er-
 gänzungsgeschworene (Art. 62, 68, 70, 75, 77, 79, 80);
Verteidigung; Rechte des Beschuldigten (Art. 92, 93);
Militärstrafverfahren:
 Anzeigen und Voruntersuchung (Art. 107);
 Anordnung der Untersuchungshaft (Art. 114, 115);

Beschlüsse auf Anzeigen oder Voruntersuchung;
Zulässigkeit der Haft (Art. 121);
Vorbereitung zur Hauptverhandlung (Art. 125 u. 130),
neu gefaßt durch obiges Gesetz:
Hauptverhandlung: Erklärung der Unzuständigkeit (Art. 145);
Abstimmung der Geschworenen (Art. 148); Entscheidungs-
gründe im Urteil (Art. 151);
Rechtsmittel: Nichtigkeitsbeschwerde (Art. 158);
Prüfung des Todesurteiles (Art. 160);
Verfahren in untergerichtlichen Strafsachen:
Anzeigen an den Vorstand (Art. 182); Vorladung von
Zeugen (Art. 185).

In den besonderen Bestimmungen wird die Ablieferung der
zur Zuchthausstrafe Verurteilten in die Militärstrafanstalten angeordnet.

4. Das Gesetz vom 27. September 1872 enthält in
16 Artikeln Aenderungen der Militärstrafgerichtsordnung von
1869/72 bezüglich folgender Punkte:

Umfang der Militärstrafgerichtsbarkeit (Art. 1);
Personen, welche ausnahmsweise derselben unterworfen
sind (Art. 6); Zusammenfluß gemeiner und militärischer
Reate (Art. 7);
Ausübung der Militärstrafgerichtsbarkeit;
Militärstandgerichte als außerordentliche Gerichte
(Art. 21, 58);
Zuständigkeit der Militäruntergerichte (Art. 24):
Militäruntersuchungsrichter, Einleitung des Strafverfahrens
(Art. 32);
Wirkungskreis und Geschäftsgang der Militärbezirks-
gerichte; Zuständigkeit (Art. 35);
Urteile derselben mit oder ohne Geschworene (Art. 37):
Abgabe des Wahrspruches (Art. 38); Zusammensetzung des
Richterpersonales (Art. 40);
Voruntersuchung: Verbringung in Untersuchungshaft
(Art. 114, 115);
Beschluß auf die Voruntersuchung; Verbringung bezw.
Belassung in Untersuchungshaft (Art. 121).

Aufgehoben wurden Art. 59 und 60 der Militärstrafgerichtsordnung.
Ein bedeutender Erfolg der Gesetzgebung vom Jahre
1872 ist der Ausbau des Art. 24 der M.St.G.O.
Die Militäruntergerichte, ursprünglich nur für Uebertretungen
kompetent, erklären sich heute nur dann für unzuständig, wenn sie

eine die Dauer von sechs Monaten übersteigende Freiheitsstrafe oder Aberkennung der bürgerlichen Ehrenrechte, Dienstentlassung oder Degradation für angemessen erachten.

5. Ihre Vollendung erhielt die bayerische Militärstraf=gerichtsordnung durch Gesetz vom 18. August 1879, betreffend die Ausführung der Reichsstrafprozeßordnung im Königreiche Bayern.

Die das Militärstrafverfahren betreffenden Bestimmungen sind in den Artikeln 77—83 enthalten; sie regeln die Gebühren der zu Offizialverteidigern bestellten Rechtsanwälte (Art. 96) und stellen Maßregeln fest in Bezug auf: Ungehorsam der Zeugen (Art. 110 Abs. 3), Ordnungsstrafen an Zivilpersonen (Art. 111), Verweigerung des Zeugnisses oder Eides durch einen Zeugen, Erzwingung des Zeugnisses durch Haft (Art. 111a, neu eingeschaltet), Ordnungsstörung durch Zivilpersonen während der Hauptverhandlung (Art. 140 Abs. 2), Verhängung der gesetzlichen Ungehorsamsstrafen (Art. 141).

Art. 3 Ziff. 12 des Gesetzes vom 18. August 1879 bestimmt: von den bisher geltenden landesgesetzlichen Normen über Straf=recht und Strafverfahren bleiben in Kraft die Bestimmungen der Militärstraf= und Strafprozeßgesetze.

Art. 77 sagt: insoweit die Militärstrafgerichtsordnung auf das bürgerliche Verfahren verweist, sind darunter die bisherigen Landesgesetze zu verstehen.

Art. 73 bis 76 obigen Gesetzes erlassen bezüglich der Straf=sachen, bei welchen Zivil= und Militärpersonen beteiligt sind, Be=stimmungen, welche im wesentlichen mit dem Inhalte des oben (S. 84) aufgeführten Gesetzes vom 1. Juli 1856 übereinstimmen.

Die heutige Lage im bayerischen Militärstrafverfahren ist folgende:

Gemäß Art. 100 der revidierten Militärstrafgerichtsordnung sind eine Reihe älterer Gesetze in Geltung: Teil II des Straf=gesetzbuches vom Jahre 1813, Strafprozeßgesetz vom 10. November 1848; Gesetz vom 10. November 1861, Einführung des Straf=gesetzbuches; Gesetz vom 1. Juli 1856, die gemischt=gerichtlichen Untersuchungen betreffend.

Von neuen Gesetzen kommen in Betracht: die Ausführungs=gesetze zum Reichsgerichtsverfassungsgesetze und zur Reichsstrafprozeß=ordnung; an Stelle des Einführungsgesetzes vom Jahre 1861 (Art. 1 mit 84) das Gesetz vom 26. Dezember 1871, betreffend den Vollzug der Einführung des Reichsstrafgesetzbuches in Bayern.

Das Einführungsgesetz zum Reichsgerichtsverfassungsgesetz (§ 7) läßt die Militärgerichtsbarkeit unberührt.

Aus der Entwickelung des bayerischen Militärstrafprozesses ergeben sich folgende Punkte zur Erwägung bei Reform des deutschen Militärstrafverfahrens:

a) Die Grundprinzipien des bayerischen Militärstrafprozesses
haben vollberechtigte Stellung im Staatswesen und im Gebiete der allgemeinen Gesetzgebung; Verfassung, Heeresorganisation, gemeiner Prozeß haben sich als grundlegende
Faktoren der Umgestaltung erwiesen.

b) Eine Reform vollzieht sich nicht in Einem Zuge; die Rücksicht auf die Interessen des in sich abgeschlossenen Standes
verzögert den Gang der Reform; besonders tritt die Abneigung gegen Volksöffentlichkeit hervor.

c) Der Ausgleich der Kompetenz zwischen Ober- und Untergerichten durch Erweiterung des Wirkungskreises der letzteren.

d) Die Rechtskraft des Urteils entsteht durch Gesetz, nicht durch
Willensäußerung der Vorgesetzten.

e) Gleichheit vor dem Gesetze.

Der Rechtszustand Deutschlands, wie ihn die Reform
im Strafprozesse vorfindet, ist folgender: Anklageprozeß als gemeines Recht im bürgerlichen; Inquisitionsprozeß als gemeines
Recht im Militärstrafverfahren; Anklageprozeß als Partikularrecht
in der bayerischen Militärstrafgerichtsordnung; modernes materielles
Strafrecht in gleichmäßiger Verbindung mit historischem und zeit-
gemäßem Verfahren.

IV. Abschnitt.

Reform des deutschen Militärstrafprozesses.

1. Kapitel.

Reformbewegung; Strafverfahren in anderen Armeen, Erwägungen.

(Friccius, Berlin 1848, Entwurf eines deutschen Kriegsrechts. — Molitor, Kriegsgericht, Wien 1855. — Hilse, Die Grundsätze eines deutschen Militärstraf= verfahrens, Berlin 1868. — Verhandlungen des 8. deutschen Juristentages, 1869, Band I. — Keller, Aufgaben einer Militärstrafprozeßordnung für das Deutsche Reich, Berlin 1877. — Verhandlungen des Reichstags 1891. — Schultheiß, Ueber Oeffentlichkeit im künftigen deutschen Militärstrafprozeß, Würzburg 1893.)

§ 24. Geschichte der Reformbewegung.

1. Der preußische Generalauditeur Friccius legte schon im Jahre 1831 in der Absicht, das veraltete Militärstrafverfahren durch das rheinische Recht zu verbessern, den Entwurf einer auf Münd= lichkeit und Oeffentlichkeit beruhenden Prozeßordnung vor.

Dieser Entwurf wurde nicht angenommen, auch der Druck nicht gestattet; nur das Bestehende, wie es sich durch Herkommen und Gerichtsbrauch ausgebildet hatte, sollte in logischer Ordnung zusammengestellt und jede Neuerung vermieden werden.

Friccius veröffentlichte den umgearbeiteten Entwurf im Jahre 1848; er gelangte an die deutsche Nationalversammlung. In dem Gerichtsverfahren dieses Entwurfes sind die gemeinen Verbrechen den bürgerlichen Gerichten überwiesen (§ 154); die Gerichte be= stehen aus Kriegsgerichten, welche je nach dem Range des An= geklagten zusammengesetzt werden (§ 183 ff.), und aus dem Ober= kriegsgerichte mit der Aufsicht über die Rechtspflege im deutschen Bundesheere (§ 242).

Die Grundsätze des Verfahrens sind: Oeffentlichkeit (§ 197), Anklage durch den Gesetzesanwalt (§ 158), freie Verteidigung durch Wahl oder Bestellung (§ 176); freie Beweiswürdigung (§ 215), Beschränkung der Bestätigung auf kriegsgerichtliche Urteile gegen Offiziere und solche, welche auf Todes= oder Zuchthausstrafe lauten (§ 235). Rechtsmittel ist der Antrag auf Vernichtung des Urteils wegen Verletzung des Gesetzes oder wesentlicher Förmlichkeiten

(§ 237); Gesuche um Wiedereinsetzung in den vorigen Stand sind zulässig (§ 272). —

Als in Preußen durch Verordnung vom 3. Januar 1849 bei den Zivilgerichten anstatt des Untersuchungsverfahrens der Anklageprozeß eingeführt wurde, äußerte sich der preußische General-auditeur Fleck (Komm. z. M.St.G.O. Tl. II Anm. zu § 1): Dieses Verfahren eigne sich nicht zur Einführung bei den Militärgerichten, weil hiedurch der Einfluß des obersten Kriegsherrn und der höheren Befehlshaber auf Erhaltung der Disziplin durch Strafverfolgung und Bestätigung gebrochen würde. —

Weiter wurde die Reform angeregt durch die Schrift des Privatdozenten Dr. Hilse: Die leitenden Grundsätze des deutschen Militärstrafverfahrens in ihrer Berechtigung, die Grundlage eines zeitgemäßen Verfahrensgesetzes abzugeben. Berlin 1868.

Den Entwurf legte Dr. Hilse dem 8. deutschen Juristentage (Heidelberg 1869) mit dem Antrage vor: „Derselbe wolle seine Ueberzeugung dahin aussprechen, daß, unabhängig von der Frage der Ausdehnung der Militärgerichtsbarkeit, jedenfalls die unaus-bleiblich nötige und bereits angebahnte Einigung des Militärstraf-verfahrens in Deutschland nur auf Grund eines Gesetzes wird geschehen dürfen, welches bei Oeffentlichkeit, Mündlichkeit und Un-mittelbarkeit dem Richter freie Würdigung des Beweisergebnisses und dem Angeschuldigten unbeschränkte Verteidigungsbefugnis überläßt."

Die abgegebenen Gutachten stimmen zwar bezüglich der Not-wendigkeit einer Reform überein, bezeichnen jedoch verschiedene Wege. Eines derselben hält den Antrag Hilses für ungenügend; es fordert noch Beschränkung des Gerichtsstandes auf militärische Reate; Aufhebung des Rechtes der Bestätigung und der Bestellung der Spruchgerichte durch die Befehlshaber.

Ein weiteres Gutachten verlangt das Anklageprinzip für gemeine Reate — militärische Delikte seien wesentlich disziplinärer Natur: in welchen Formen sich das Verfahren innerhalb dieses singulären Strafrechtes vollziehe, sei ohne juristisches Interesse.

Ein drittes Gutachten äußert sich dahin, die Einigung dürfe nur auf Grund eines Gesetzes geschehen, welches der Humanität und Wissenschaft entspreche und sich von althergebrachten Vor-urteilen ferne halte. —

Am 30. März 1870 ersuchte der Reichstag mit 117 gegen 73 Stimmen in einer Resolution an die Bundesregierung um Vorlage eines Gesetzes, wodurch das Militärstrafverfahren mit den Formen des ordentlichen Strafprozesses umgeben würde.

Im Jahre 1873 wurde durch eine Kommission, welcher der geh. Justizrat Keller, Mitglied des preußischen Generalauditoriates, angehörte, der Entwurf einer Militärstrafprozeßordnung für das Deutsche Reich ausgearbeitet. —

2. Die Stellung Bayerns zur Reform, die Tendenzen des Volkswillens ergeben sich aus den Reichstagsverhandlungen vom Jahre 1891; 8. Legislaturperiode, I. Session, S. 2050; 88. und 89. Sitzung.

In der 88. Sitzung äußert Abgeordneter Bebel: Man wolle Bayern zum Verzicht auf die Oeffentlichkeit bewegen, um ein gleichmäßiges Verfahren durch ganz Deutschland herzustellen; er fordert einen zeitgemäßen Militärstrafprozeß; gerade die Oeffentlichkeit sei ein besonderer Moment zur Förderung der Humanität mit Hilfe der öffentlichen Kritik.

Abgeordneter Szmula (früher Offizier) erwidert: Der Mangel der Oeffentlichkeit sei eine Wohlthat im Interesse der Disziplin und der ganzen Armee; auch die bayerische Regierung würde darauf verzichten, wenn dies die öffentliche Meinung zuließe; die Oeffentlichkeit sei für den Offizier nicht angenehm, für die Disziplin nachteilig.

Abgeordneter Hinze (früher Offizier) tritt für das bayerische Verfahren ein; nicht die Hälfte aller Mißhandlungen, ja nicht ein Dritteil komme zur Kenntnis der Vorgesetzten.

In der 89. Sitzung tritt Abgeordneter Frhr. v. Stauffenberg den Behauptungen Szmulas entgegen: Die Bestimmung über Oeffentlichkeit sei schon in dem vom bayerischen Kriegsministerium seinerzeit vorgelegten Entwurfe enthalten gewesen und nicht erst auf Antrag der gesetzgebenden Körperschaften geschehen. Es beruhe auf Erfahrung, daß eine ordentliche Rechtspflege nur durch Oeffentlichkeit garantiert sei; ein geheimes Verfahren entarte allmählich; die Grundlinien des Zivilverfahrens müssen auch im Militärverfahren gegeben sein. Mißhandlungen gehören vor die Oeffentlichkeit; man habe das Verfahren in dieser Richtung weder in der Bevölkerung, noch in Armeekreisen bemängelt.

Abgeordneter Dr. Orterer bemerkt: Nach historischer Entwicklung, augenblicklicher Lage und öffentlicher Meinung denke man in Bayern an keine Aenderung, welche eine Verschlechterung bedeuten würde. Eine auf Thatsachen beruhende, verständige Kritik von Armeeverhältnissen sei nicht gegen Ansehen und Disziplin der Armee gerichtet.

Abgeordneter Dr. Marquardsen äußert: Die bayerische Regierung sei nicht geneigt, von der Oeffentlichkeit abzugehen; die Bestimmungen hierüber seien so präzisiert, daß auch im übrigen Deutschland auf diesen Grundlagen fortgefahren werden könne; die Zustimmung zur Reform werde Bayern nur geben, wenn sie die Grundzüge des bayerischen Verfahrens annehme.

Abgeordneter Szmula sagt: Die Armee müsse intakt erhalten bleiben gegenüber demokratischen Einflüssen; es sei im Interesse der Disziplin weit besser, wenn man viele Vorkommnisse der Oeffentlichkeit entziehe, als daß sie in der Presse breit getreten werden.

Abgeordneter Singer erklärt: Die Offiziere seien indirekt schuld an den Mißhandlungen, indem sie die Unteroffiziere durch schlechte Behandlung reizen.

Das preußische Verfahren sei ein Stück Vehmgericht; nur durch öffentliche Verhandlung der gegen Soldaten verübten Exzesse könne das Ansehen der Armee gestärkt und vor Verfall bewahrt werden.

Das Beschwerderecht stehe nur auf dem Papier. Im Interesse der Standesehre können nicht Exzesse mit dem Mantel des geheimen Verfahrens bedeckt werden.

Abgeordneter v. Stauffenberg erwidert: Die Oeffentlichkeit habe bei Militärverhandlungen eine zweifache Seite: unerlaubte Dinge der öffentlichen Meinung zuzuführen und übertriebene, unrichtige Behauptungen zum Schweigen zu bringen.

§ 25. Strafverfahren in anderen Armeen.

Die Grundlagen der österreichischen Militärstrafgerichtsordnung reichen mit der theresianischen peinlichen Halsgerichtsordnung vom 31. Dezember 1768, welche für die Armee durch hofkriegsrätliche Zirkularverordnung vom 9. April 1769 publiziert wurde, noch in das vorige Jahrhundert zurück.

Der Wirkungskreis der Militärgerichte umfaßt sogar noch Frauen, Kinder, Dienstboten der Militärpersonen; zu ihrer Kompetenz gehören auch die streitigen Zivilsachen.

Das Kriegsgericht besteht aus vierzehn Beisitzern; die aus verschiedenen Rangklassen ernannten Geschwornen stimmen nach Klassen gleichzeitig über Schuld und Strafe ab. Die Beigabe eines Verteidigers ist dem Angeklagten nach Art. 36 der obengenannten Halsgerichtsordnung überhaupt nicht gestattet. (Molitor, Kriegsgericht, §§ 16 ff.)

In England und in den Vereinigten Staaten Nordamerikas ist das Militärstrafverfahren geheim.

In Italien sind die Sitzungen der Militärtribunale öffentlich; die Verteidiger können aus den Offizieren oder Advokaten gewählt werden. Es besteht in Komplizitätsfällen zwischen Zivil- und Militärpersonen ein obligatorisches, gemischtgerichtliches Verfahren. (Codice penale per l'escrito del Regno d'Italia vom 28. November 1869.)

In der Schweiz waren die Kriegsgerichte nach der älteren Militärstrafgerichtsordnung vom Jahre 1851 zusammengesetzt aus einem Großrichter, zwei Offizieren und acht bis zwölf für den einzelnen Fall durch Los bestimmten Geschwornen; letztere erkannten nach freier Ueberzeugung über die Thatfrage; die Sitzung war ohne Ausnahme öffentlich; die Zeugen wurden nach Verlesung der Anklageschrift von den Vertretern der Anklage und der Verteidigung verhört. Durch die neuere Gerichtsordnung vom 28. Juni 1889 ist die Oeffentlichkeit bei Gefährdung der öffentlichen Ordnung oder Sittlichkeit ausgeschlossen. Die Militärgeschwornen sind durch eine Schöffenbank ersetzt.

Frankreich hat in dem Code de justice militaire pour l'armée de terre vom 9. Juni 1857 die Prinzipien der Oeffentlichkeit, Mündlichkeit, freien Beweiswürdigung, Verteidigung durchgeführt, ohne daß dadurch die Disziplin gefährdet worden wäre.

Die Militärjustiz wird in erster Instanz durch ständige Kriegsgerichte verwaltet. Die Richter erkennen über die Schuldfrage und über Strafanwendung.

Oeffentliches und mündliches Verfahren haben ferner: Belgien, Code de procédure pour l'armée de terre vom 20. Juli 1814; Rußland, militär. Just.-Kodex vom 15. Mai 1867. (Schultheiß, S. 19; Keller, S. 10.)

Es ergibt sich die Thatsache, daß Staaten mit freier Verfassung und öffentlichem gemeinen Prozeß am geheimen Verfahren in der Armee festhalten.

§ 26. Erwägungen zur Reform.

Diese erstrecken sich auf die Meinung der Wissenschaft, auf die Standesrücksichten, auf die Tendenz der Reichsverfassung und auf das Resultat der Rechtsentwicklung.

1. Die Wissenschaft hält die Einigung auf Grundlage des preußischen Verfahrens nicht für wünschenswert.

Grundgedanke desselben ist folgender: „Die Disziplin ist als unabweisbare Bedingung der Tüchtigkeit des Heeres zu erhalten: dies ist nur durch eine besondere, für diesen Zweck berechnete Militärstrafgerichtsordnung zu erreichen; die gesamte Gerichtsbarkeit hat vom Staatsoberhaupte auszugehen; ihre Ausübung wird zweckmäßig den für Erhaltung der Manneszucht verantwortlichen Befehlshabern übertragen; zudem erfordert es die Staatsklugheit, das Heer vom Volke zu isolieren."

Nach diesem Gesichtspunkte erscheine das Militärstrafverfahren nicht als Ausfluß der Genossenschaft, sondern stelle sich als Disziplinargerichtsbarkeit dar. Die Isolierung des Heeres, die Abhängigkeit der einzelnen Glieder, welche auch die Befangenheit des Richterstandes involviere, lasse die Garantie unparteiischer Entscheidung vermissen.

Der Grundsatz der Gleichheit vor dem Gesetze erzeuge Abneigung gegen Ausnahmegerichte. (VIII. deutscher Juristentag I., S. 150 ff.)

2. Militärische Begriffe, welche Einfluß auf den Prozeß üben.

Die Disziplin bedeutet im Strafverfahren: Wahrung der Autorität des Befehlshabers; auf Seite des Untergebenen das stete Bewußtsein der Abhängigkeit vom Vorgesetzten in allen Lagen des militärischen Lebens.

Die Aufrechthaltung der Disziplin ist gemeinsames Prinzip der Militärstrafprozeßsysteme; die Anwendung desselben ist verschieden.

Das Anklageverfahren begnügt sich mit dem Grundsatze: der Vorgesetzte ist zugleich Richter, sein Amt endet mit der Urteilsfällung. Das Inquisitionsverfahren geht über die Prozeßnormen hinaus: der Bestand des Urteils hängt nicht vom Gesetz, sondern vom Willen ab; der Begriff „Disziplin" beherrscht das Verfahren.

Der „Geist" in der Armee ist echt, wenn er hervorgeht aus dem Bewußtsein der hohen Aufgabe und Würde des Standes; die Standesehre, wie sie jedem staatlichen Berufe eigen ist, bildet die alleinige Grundlage der Standesinteressen, sie ist im Strafverfahren zu beachten.

Die „Interessen" ergeben sich aus den Verhältnissen des Standes in seiner zweifachen Richtung: als Korporation und als Berufsart; erstere repräsentiert mehr die äußere Form, letztere das Wesen: beide ergänzen sich.

Ein Bestandteil der Berufsart sind die militärdienstlichen Interessen; die bayerische Militärstrafgerichtsordnung stellt in den Vollzugsvorschriften zu Art. 138 — Ausschluß der Oeffentlichkeit — den Satz auf: Von den militärdienstlichen Interessen ist das Standesinteresse untrennbar.

Das einseitige Erfassen des Standes als Korporation würde zum Standesprozeß führen; sein Gerichtsstand bildet sich nach Rangklassen; er zwingt das ganze Verfahren unter die Fesseln der Disziplin und verschließt sich der Oeffentlichkeit; er beachtet nicht den Zeitgeist, die Basis aller Gesetzgebung.

Nach Art der Auffassung von Form und Wesen des Standes durch den Einzelnen bilden sich die verschiedenen Charakterformen der Individuen. Die einseitige Abwägung der äußeren Vorzüge des eigenen Standes mit den Verhältnissen in anderen Berufsarten führt zum Vorurteil; es sträubt sich gegen bürgerliche Normen; es hemmt die Entwicklung des Strafverfahrens.

3. Die Reichsverfassung. Es kommen in Betracht Artikel 5, 11, 23, 29, 57.

Sie enthalten folgende Sätze:

Volk und Heer sind identisch (Art. 57); der Einfluß des Gesamtwillens auf die Gesetzgebung ist anerkannt (Art. 23, 29); der Einzelwille hält bei Gesetzesvorschlägen über das Militärwesen mit Recht an den bestehenden Einrichtungen fest, wenn im Bundesrat eine Meinungsverschiedenheit stattfindet (Art. 5, 11).

Das Heer ist somit nicht „Staat im Staate", sondern „die bewaffnete Macht des Staates"; die Erfüllung der Wehrpflicht kann nicht zur Schmälerung, noch zum Verluste verfassungsmäßiger Grundrechte führen; das Heer bedarf keines Sonderrechtes; es genügt die Feststellung der unbedingt notwendigen Ausnahmen von den Regeln der allgemeinen Gesetzgebung.

Besondere Bestimmungen sind nicht zu umgehen; entfernt sich das Strafverfahren im Heere zu weit von den bürgerlichen Normen, ist es zu militärisch, so schädigt es die Rechte des Beschuldigten; schließt es sich zu enge an jene an, so können Kollisionen mit den Anforderungen der Disziplin entstehen.

4. Resultat der historischen Entwicklung. Es ergibt keine festen Grundsätze für die Bewegungen des Strafverfahrens in dem Heere.

Es folgt durch Jahrhunderte der allgemeinen Gesetzgebung, seiner natürlichen Quelle; hemmt dann seinen Gang; weder Organisation und Gesetzgebung im Heere, noch Epochen im Rechte und in der Kultur vermögen es zu beeinflussen; es läßt die Reformen im eigenen Lande, den Fortschritt der Wissenschaft, die Volksstimme unbeachtet.

In den ältesten Zeiten Deutschlands zeigte sich, trotzdem es sich aus vielen selbständigen Völkerschaften zusammensetzte, eine gewisse Gleichmäßigkeit im Strafverfahren: sie wurde herbeigeführt durch den gemeinsamen Nationalgeist und durch den Anschluß an die volkstümliche Gauverfassung; der ausgeprägte Unterschied der Stände führte zwar zu Immunitäten, jedoch nicht zur Verleugnung der allgemeinen Rechtsanschauung.

Im Mittelalter zerfiel das Nationalrecht in eine Reihe genossenschaftlicher Partikularrechte; auch hier tritt als eigenartiges Rüge- und Genossenschaftsgericht nur das Spießrecht der Landsknechte hervor in wohlweiser Anwendung mit dem ordentlichen Verfahren.

Später konstatiert Ludovici in der Vorrede zu seinem Kriegsprozeß, dieser stimme in Form und Wesen mit dem Zivil- und peinlichen Prozeß überein. Große Uebereinstimmung ergibt sich unter der Herrschaft des Inquisitionsprozesses im 17. und 18. Jahrhundert, vermittelt durch die Reformation, herbeigeführt durch Gustav Adolph und durch die Initiative der protestantischen Staaten, welche eine Reihe von Gerichtsordnungen erließen.

In der neueren Zeit blieben die wichtigsten Epochen in Politik und Rechtsentwicklung ohne Einfluß auf das Strafverfahren der deutschen Armee. Das Eindringen des rheinisch-französischen Rechtes; die Reform des gemeinen Strafprozesses im Jahre 1848; die Umgestaltung des bayerischen Militärstrafverfahrens; die im Jahre 1872 eingetretene Konformität auf dem Gebiete des Militär-

strafrechtes; die bedeutenden Fortschritte in der Heeresorganisation;
die im Jahre 1879 durch das Reich herbeigeführte neue Justiz-Aera
ließen den Inquisitionsprozeß im Heere unberührt. So kam es,
daß im gleichen Zeitraume die gleichen Vorgänge eine Umgestaltung des gemeinen und eine Hemmung des militärischen Strafverfahrens zur Folge hatten; die Motive fügten sich nicht gleichmäßig verschiedenen Verhältnissen. Die Politik ist zuweilen Gegnerin
des Militärstrafprozesses.

Der Volkswille, der sich auf altgermanischer Dingstätte
durch Murren oder Zusammenschlagen der Waffen äußerte, der
heute in der Verfassung anerkannt ist, gewinnt keinen Einfluß auf
die Reformen im Militärstrafverfahren, in Bayern ging die
Initiative in den Jahren 1856 und 1862 vom Kriegsministerium
ohne Beirat und Zustimmung der Kammern aus; der deutsche
Gesamtwille erwartet seit langer Zeit die Erfüllung berechtigter
Forderungen.

Der Entwicklungsgang des Militärstrafverfahrens verzögert sich je nach dem Maße der Isolierung der Armee; diese
kann außer der Intention des Standes liegen und durch die Not-
wendigkeit, äußeren unlauteren Einflüssen zu begegnen, bedingt sein.

Entspricht das Verfahren den Neigungen des Standes, steht
demselben und seinen Einrichtungen das Vertrauen der Volks-
meinung zur Seite, so kann selbst im Verfassungsstaate ein den
bürgerlichen Normen widersprechender Militärstrafprozeß eine außerordentliche Widerstandsfähigkeit gewinnen. —

Für die Reform ergeben sich aus der historischen Entwicklung
folgende Thatsachen:

Der Anklageprozeß ist die Grundidee, die ursprüngliche
Form des Strafverfahrens: er ist begründet im Rechtsbewußtsein
der Nationen, insbesondere der deutschen Völker; er ist durch
Jahrhunderte erprobt im Kriegsprozeß.

Der Inquisitionsprozeß im deutschen Militärstrafverfahren
entbehrt heute der berechtigten Existenz; er wurzelt in dem Staatswesen, der Heeresverfassung und den allgemeinen Rechtsverhältnissen
der Vergangenheit.

Es ist begründet in dem alten kanonischen System, welches
heute noch im deutschen Heere fortwirkt.

Das Verfahren in der Kirche, zunächst für die Verhältnisse
des geistlichen Standes berechnet, hat folgende Tendenz:

Erhaltung der Disziplin im Glauben und in den Sitten
unter den Klerikern, exklusive Bestimmung für die Korporation;
universelle Herrschaft der mächtig gewordenen und noch mehr auf-
strebenden Kirche; die hohe Bedeutung der Inquisition als unabweisliches Bedürfnis für die Kirche, wie sie durch Papst Innozenz III.
begründet wurde. (Roßhirt III. 2. Abt. §§ 265, 269, 270.)

Innozenz brachte seine Reform des älteren kanonischen Pro-
zesses im Jahre 1216 zur Vollendung, in der rauhesten Zeit des
Mittelalters, wo sich der Höhepunkt der Landeshoheit in den
Territorien, die Blütezeit der Feudalität, die Unsicherheit des
Rechtszustandes vereinten.

Das kanonische System konnte sich, weil zunächst für den
gebildeten geistlichen Stand entwickelt, weit über das Niveau seinerzeit stellen und zugleich dem weltlichen Rechte als Vorbild dienen.

Für die Kirche war die Inquisition ein den intimsten Interessen
des Standes dienender Disziplinarprozeß.

Im Inquisitionsprozeß des deutschen Heeres sind die korporativen Tendenzen des kanonischen Verfahrens heute noch aus-
geprägt: Universelle Herrschaft im militärischen Gebiet; Notwendigkeit der Einrichtung für die Interessen des Standes; geheime,
vom Begriffe der Disziplin beherrschte Prozedur; die Rechtskraft
entsteht durch den Willen des Vorgesetzten, nicht durch Gesetz.

Hält nun eine Armee von kriegerischer Bedeutung als bewaffnete Macht eines wohlgeordneten Staates an jenen Tendenzen
fest, tritt an Stelle des Rechtes die Politik, so ist der Inquisitionsprozeß — wie im 17. Jahrhundert — eine Erscheinung außerordentlicher Verhältnisse, ein Prozeß der Situation.

Sherman, ehemaliger General der Vereinigten Staaten,
stellte in seinen „Lehren des Kriegs" den Grundsatz auf: Die
Armee ist nicht eine populäre Organisation, sondern eine beseelte
Maschine, ein Instrument der Exekutive.

Washington huldigte der Maxime: Im Heere muß der
vollständigste Despotismus herrschen.

Blackston dagegen sagt in seinem Kommentar der englischen
Gesetze: Man hüte sich, das stehende Heer eine vom Volke allzu
gesonderte Masse bilden zu lassen.

So gelangte deutsches Recht aus ältester und jüngster Zeit
mit derselben, auf allgemeine Wehrpflicht gebauten Heeresverfassung
zu Verschiedenheit im Strafverfahren; dort Volksrecht, hier Sonder-
prozeß. Der Kampf zwischen gemeinem und Militärstrafprozeß steht
nicht vereinzelt in der Geschichte da; er vollzog sich schon einmal
mit anderem Erfolge in der Uebergangsperiode des 16. Jahrhunderts.

Damals erhielt sich das öffentliche und mündliche Verfahren in
den Söldnerheeren lange über die Zeit hinaus, da der Inquisitionsprozeß in den bürgerlichen Gerichten Eingang gefunden hatte.

Inter arma silent leges.

2. Kapitel.

Die Gestaltung des deutschen Militärstrafverfahrens auf Grund vorliegender Darstellung.

Die Reform muß sich vollziehen durch Anschluß an den ge=
meinen Strafprozeß mit den durch die militärdienstlichen Interessen
gebotenen Modifikationen unter Beachtung der Erfolge der Wissen=
schaft. Keines der bestehenden Systeme kann ausschließlich als
Grundlage dienen; dem preußischen macht man den Vorhalt, es
sei zu militärisch, dem bayerischen, es sei zu umständlich, zu bürgerlich.

Hier soll nur das geringste Maß berechtigter Forderungen,
zu deren Erfüllung Geschichte und Rechtsentwicklung zwingen,
angeführt werden.

Hieraus resultiert die Beseitigung der Grundprinzipien des
Inquisitionsverfahrens; Zugeständnisse in einzelnen Punkten sind
nur denkbar im Hinblick auf das bayerische Recht, welches sechzehn
Jahre lang am Ausbau seiner Militärstrafgerichtsordnung thätig war.

§ 27. Verfahren im Frieden.

1. Umfang der Militärgerichtsbarkeit.

Sie hat alle strafbaren Handlungen, gemeine und militärische,
zu umfassen; entsprechend dem Antrage der Reichsregierung wurde
vom Reichstage die vorgeschlagene Beschränkung auf Dienstvergehen
in der Resolution bezüglich Vorlage einer neuen Militärstrafprozeß=
ordnung gestrichen. Diese Frage gilt als erledigt.

2. Gerichtsstand.

Die Bestimmung der preußischen Militärstrafgerichtsordnung:
„vor die höhere Gerichtsbarkeit gehören alle Straffälle der
Offiziere u. s. w.", die Gliederung des Gerichtsstandes nach Rang=
klassen, wie sie auch neuerdings (Keller S. 26) vorgeschlagen
wurde, kann im künftigen deutschen Militärstrafverfahren keine
Aufnahme finden.

Zeitgeist und Geschichte sprechen dagegen. Die scharfe Trenn=
ung der Stände im fränkischen Reiche brachte es mit sich, daß
sich der Gerichtsstand vor den Kriegsgerichten nach dem hohen
oder niederen Range der Befehlshaber richtete (Laurentius III
S. 200). Dieses Verhältnis änderte sich allmählich mit der An=
näherung der Stände.

Nach der schwedischen und holsteinischen Kriegsgerichtsordnung,
nach der dänischen Kriegsgerichtsinstruktion gehörten nur Anklagen
gegen Obersten vor die Obergerichte.

Im deutschen Kriegsprozeß des 17. und 18. Jahrhunderts konnten sich auch die höheren Offiziere der Jurisdiktion der Unter- oder Regimentsgerichte nicht entziehen (Ludovici cap. IV S. 61). Friedrich Wilhelm I. ließ gemäß Verordnung vom 2. Juni 1720 die Untersuchungen über Offiziere bei den Regimentsgerichten führen (Friccius S. 184).

Die bayerische Militärstrafgerichtsordnung (Art. 24) befreit den Offizier aus sachlichen Gründen nur in jenen wenigen Straf- fällen, in denen zugleich auf Dienstentlassung erkannt werden kann, von dem Gerichtsstand vor den Untergerichten.

Ein zeitgemäßes Militärstrafverfahren kann nur auf der Maxime ruhen: Gleichheit vor dem Gesetze; diese ist im Militär- strafgesetzbuch für das Deutsche Reich bereits durchgeführt; es hat — mit Ausnahme des Arrestes — alle besonderen Strafarten für Offiziere aufgehoben.

3. Gerichtsverfassung.

a) Einteilung in Unter- und Obergerichte.

Sie bestand im Kriegsprozeß der ältesten und fränkischen Zeit, in den Kriegsgerichtsordnungen und Instruktionen von Schweden, Dänemark, Holstein, sie besteht heute noch; sie hat stets den Bedürfnissen der Heere genügt.

Mittlere Gerichte, wie sie für das neue Strafverfahren vor- geschlagen wurden (Keller S. 26), mit nur wenig erweitertem Wirkungskreis, führen zur Zersplitterung der Kompetenz, zur Schwächung der Untergerichte.

Die den letzteren in den Vorschlägen zugestandene Kompetenz bis zu sechs Wochen Freiheitsstrafe dürfte ihrer Bedeutung nicht entsprechen; die rasche Justiz, welche sie bei ihrer nahen Verbind- ung mit dem regsten militärischen Berufsleben üben, macht sie zu einem wichtigen Glied der Rechtspflege im Heere.

Eine sorgfältige Begrenzung der Kompetenz ist um so bringender notwendig, als der Jurisdiktion eine ausgedehnte Dis- ziplinargewalt — bis zu vier Wochen gelinden, drei Wochen mittleren, vierzehn Tagen strengen Arrest — zur Seite steht: der berechnende Sinn des gemeinen Mannes verfehlt nicht, beide gegeneinander abzuwägen.

Große Apparate für geringere Reate schädigen die Autorität der Gerichte.

Geschichte und Rechtsentwicklung sprechen für jene Gruppierung.

Nach den oben erwähnten Gerichtsordnungen des 17. Jahr- hunderts gehörten zur Kompetenz der Obergerichte nur Majestäts- verbrechen, Verrat, tödlicher Angriff auf den Feldmarschall; für alle anderen Sachen waren die Untergerichte zuständig.

Im bayerischen Recht gelangten die Untergerichte erst durch die Gesetzgebung des Jahres 1872 zu ihrer jetzigen Stellung im Kompetenzbereich. Die Fixierung des letzteren in Art. 24, 35 d. M.St.G.O. kann daher im allgemeinen als Grundlage der Reform dienen.

Zur Wahrung der Einheit der Rechtspflege, der wesentlichen Förmlichkeiten des Verfahrens und der Bestimmung des materiellen Rechts ist die Bildung eines obersten Gerichtshofes für die Armee und Marine notwendig (Keller S. 30).

Die Veröffentlichung seiner Entscheidungen ist Bedürfnis; der Militärstrafprozeß soll nicht länger ein abgeschlossenes, unzugängliches Gebiet der Rechtspflege sein.

b) Eine Zusammensetzung der Gerichte, welche ein gerechtes Urteil sichert.

Dem Strafverfahren sollen jene Rangklassen ferne bleiben, welche infolge Abhängigkeit oder mangelnder Lebenserfahrung zum Richteramte ungeeignet sind; insbesondere Unteroffiziere und Gemeine. Die Unsicherheit in der Abstimmung, wie sie durch diese Elemente herbeigeführt wird, ergibt sich aus der oben S. 47 aufgeführten kriegsgerichtlichen Verhandlung vom 17. September 1704 wegen Desertion; die Vota schwanken zwischen Gassenlaufen, Abschneiden beider Ohren, Todesstrafe durch den Strang.

Die Vorschläge, wonach unter Ausschluß von Unteroffizieren und Gemeinen nur Offiziere vom Hauptmann aufwärts, ausnahmsweise ältere Lieutenants, als Richter zu berufen wären, sind zeit- und sachgemäß.

Die bayerische Militärstrafgerichtsordnung hat längst mit dem historischen Gerichtsapparate insoweit gebrochen, als sie den Stand der Gemeinen vom Geschwornendienste ausschließt; bei den Untergerichten werden in der Regel nur Hauptleute als Richter verwendet.

c) Schöffengerichte, an Stelle der preußischen Spruch- und der bayerischen Geschwornengerichte.

Man wendet sich gegen die Spruchgerichte des preußischen Rechtes, welche nur aus Laien zusammengesetzt sind und dem ihnen zur Seite stehenden Auditeur nur eine beratende Stimme geben.

Von den bayerischen Militärschwurgerichten befürchtet man, sie möchten mehr die Ehren- als die Rechtsfrage berücksichtigen, und so die öffentliche Rechtsordnung gefährden.

Wenn auch die Schwurgerichte seinerzeit an Stelle der von der Regierung vorgeschlagenen Schöffengerichte im gemeinen Strafprozeß Aufnahme fanden, so geschah dies nicht aus Ueberzeugung von ihrer Vortrefflichkeit, sondern durch einen Kompromiß mit dem Reichstage, der die Schwurgerichte als ein in das Volksbewußtsein übergegangenes Institut beibehalten wollte.

Eine derartige Rücksicht besteht für den Militärstrafprozeß nicht.

Die wesentlichen Mängel der Schwurgerichte bestehen auch im Militärstrafverfahren:

Die unnatürliche Trennung der Funktion zwischen Geschwornen und Richtern; die gezwungene, Mißverständnisse begünstigende Fragestellung; die des juristischen Beirates und genügender Garantie entbehrende Beratung, aus welcher das Verdikt hervorgeht; die Schwierigkeit der Prüfung durch den Gerichtshof, welchem die für den Wahrspruch maßgebenden, vielleicht Rechtsirrtümer bergenden Gründe unbekannt sind; die unsichere Stellung der obersten Instanz, welche auf eine ziemlich willkürliche Interpretation des Verdiktes angewiesen ist; ein Teil der Straffrage, nämlich die Entscheidung über das Bestehen mildernder Umstände, ist den Geschwornen überlassen. (Schwarze, Das Schöffengericht, S. 16.)

Auch steht häufig die Weitläufigkeit des Apparates nicht im Verhältnis zum Resultat; ein Umstand, der jedem Zivilverteidiger vor den Militärgeschwornen auffällt.

Zu Gunsten der Schöffengerichte macht sich seit dem Jahre 1879 eine zunehmende Neigung geltend.

Die Schöffengerichte für untergeordnete Straffälle haben bereits eine Entwicklungsperiode hinter sich; sie haben sich bewährt. Insbesondere wurde die befürchtete Pression auf die Laien seitens der Richter nicht wahrgenommen.

In Hannover, Kurhessen, Baden, Oldenburg, Bremen kam man nach Einführung des mündlichen Verfahrens auf die Schöffengerichte zurück; die württembergische Strafprozeßordnung vom Jahre 1868 vereinigte für Verhandlungen vor den Oberamtsgerichten zwei rechtskundige Richter und drei Schöffen zu einem Kollegium. Preußen wollte in dem Entwurfe zur deutschen Strafprozeßordnung nur Schöffen zulassen; im Entwurfe vom Jahre 1874, wie er an den Reichstag gelangte, erschienen sie nur mehr für leichte Vergehen und Uebertretungen.

Heute ist das Schöffengericht als unterstes Strafgericht ein Kollegium mit voller Gleichberechtigung an der Urteilsfällung. (Ger.Verf.G. § 25.)

Die neueste Wissenschaft tritt nun auch für den Ersatz der Schwurgerichte durch große Schöffengerichte ein: sie sieht hierin eine Verbesserung der Rechtspflege, weil das Laienelement nur in gemeinsamer Beratung mit rechtsgelehrten Richtern zur Geltung komme; beide ergänzen sich in Wahrung der Individualität des Falles und in Beobachtung allgemeiner Gesetzesnormen. (18. Juristentag,

8*

Wiesbaden 1886; Schwarze, das deutsche Schwurgericht und seine Reform.)

Ein Kollegium mit voller Gleichberechtigung in der Urteils-fällung ist bei Militärgerichten, wo häufig eigenartige, nur von Standesangehörigen zu würdigende Fragen in Betracht kommen, ein Bedürfnis. Weitere Vorteile sind: die Aburteilung erfolgt rascher mit einem geringeren Gerichtsapparat; ungeeignete Rang-klassen bleiben ferne; das Institut ist im Felde leichter zu handhaben.

Die Gruppierung der Gerichtsverfassung in kleine — ein Auditeur, zwei Schöffen — und in große oder verstärkte Schöffen-gerichte — drei Auditeure, vier Schöffen — letztere mit terri-torialem Bezirke, dürfte festzuhalten sein.

Das Bedürfnis, wie es sich aus den Schwankungen im Be-stande der Armeen ergibt, wird entscheiden.

4. Vorverfahren.

Die Ausübung der Gerichtsbarkeit war stets Ausfluß der kriegsherrlichen Gewalt; den für Erhaltung der Disziplin ver-antwortlichen Befehlshabern muß das Recht zustehen, bei gerichtlich zu verfolgenden Reaten die Einleitung der Untersuchung zu ver-anlassen, die Führung derselben aber selbständigen Untersuchungs-richtern zu übertragen.

Die Stellung der Gerichtsherren und Inquirenten, wie sie sich auch für das künftige Strafverfahren eignet, ergibt sich aus § 91 der preußischen und Art. 32, 33 der bayerischen Militär-strafgerichtsordnung. Die förmliche Untersuchung (Spezialinquisition) mit ihrem Apparate verträgt sich mit dem schriftlichen, jedoch nicht mit dem mündlichen Verfahren; hier ist sie überflüssig.

Das bayerische Recht kennt nur die Voruntersuchung; auch diese kann unterbleiben, wenn die Anzeige wegen eines Vergehens hinsichtlich des Thatbestandes, des Thäters und der Beweismittel so erschöpfend erachtet wird, daß daraufhin sofort die Anklage begründet werden kann (Art. 107 M.St.G.O.).

Hieraus ergibt sich für die deutsche Strafprozeßordnung das Informationsverfahren durch beauftragte Offiziere, die Vor-untersuchung durch ständige Militäruntersuchungsrichter.

Hier sollen nur die Verhältnisse der im Vorverfahren thätigen Laien erörtert werden.

Das Institut der untersuchungsführenden Offiziere — ein-geführt im Jahre 1812 aus Sparsamkeitsrücksichten — wurde geradezu als Verschlimmerung der Rechtspflege bezeichnet; man maß ihm die Schuld bei, daß bei den Untersuchungen Verstöße, Nullitäten und Spuren reger Willkür vorkamen; es sei nur nötig, zu wissen, daß das Institut in die neue Gesetzgebung übergehe, um über deren Geist und Charakter urteilen zu können (Friccius S. 26, 263).

Eine andere Meinung äußert sich dahin, wenn man auch diesem strengen Urteil nicht durchweg beipflichten könne, so müsse man doch zugeben, daß das Institut für eine moderne Militär=gerichtsverfassung nicht mehr passe (Bohde S. 15, 16).

Im französischen Militärstrafprozeß (1857) fungiert bei jedem aus 1 Präses und 6 Richtern zusammengesetzten Kriegsgericht ein Kommissär als Staatsanwalt, welcher aus den höheren aktiven oder verabschiedeten Offizieren gewählt wird, der ihm zugeordnete Substitut muß jedoch dem aktiven Offiziersstand angehören (Code de just. milit. art. 2—7).

Wollte man die Staatsanwaltschaft bei der niederen Gerichts=barkeit jüngeren Beamten übertragen, so stünden die Kosten nicht im Verhältnis zu dem beschränkten Wirkungskreis; die Offiziere erhalten in Preußen eine geringe, in Bayern keine Zulage. Für Beibehaltung des Institutes im Laienprozeß sprechen außerdem die Bestimmungen des Gerichtsverfassungsgesetzes §§ 143, 146; ferner der Umstand, daß im Felde häufig nur der betreffende Offizier, welcher in der Reihe der Kombattanten steht, in der Lage ist, den Thatbestand festzustellen. Es wird sich darum handeln, diese Organe von der Abfassung der Erkenntnisse zu entbinden und ihnen die Aufgabe durch instruktive Vorschriften zu erleichtern. Da die Staats=anwaltschaft vielfach, zugleich bei den Regimentern und Komman=danturen thätig sein wird, so kann das Maß der Befreiung vom laufenden Dienst nicht der Willkür der Kommandeure überlassen bleiben.

Die Aufgabe des Laien im Vorverfahren beginnt nach Zu=leitung des Thatberichtes durch den Gerichtsherrn.

Der Auditeur hat nicht das Recht, in den Wirkungskreis der Staatsanwaltschaft einzugreifen; seine Thätigkeit im Verfahren der Militäruntergerichte beschränkt sich auf die Leitung der Haupt=verhandlung und auf Abfassung des Urteils; sein Dienstzweig ist die Führung der Voruntersuchung in den zur höheren Gerichts=barkeit kompetierenden Fällen; er ist Untersuchungsrichter.

Dem Staatsanwalte obliegen sämtliche Verhöre, Recherchen durch Requisition der Behörden, Veranlassung von Haussuchungen; Konfrontationen; überhaupt die Vorerhebungen, bis sie zur Antrag=stellung ausreichen.

Der Antrag an den Vorstand des Untergerichtes — sei es des Regimentes oder der Kommandantur — kann gerichtet sein: auf Bestrafung im Disziplinarwege in leichteren Fällen gemäß § 3 des Einführungsgesetzes zum R.M.St.G.B.; auf Anberaumung eines Termines zur Hauptverhandlung; auf Einstellung wegen mangelnder Beweise; auf Ueberweisung an den Militäruntersuchungs=richter, wenn sich die Inkompetenz des Militäruntergerichtes er=geben hat.

Diese Anträge werden in der Regel das Produkt eines summa=
rischen Vorverfahrens sein, wenn dieses auch mit Rücksicht auf
die Mündlichkeit nicht als Prinzip gelten kann; es verursacht keine
Kosten, noch bedeutenden Zeitaufwand; durch Sichtung des Beweis=
materiales beugt es häufigen Vertagungen und Freisprechungen vor.

Die Art der Durchführung des Vorverfahrens wird bestimmt
durch die Aufgabe der Staatsanwälte, das öffentliche Interesse
durch Erforschung der materiellen Wahrheit zu wahren. Auch der
Angeschuldigte darf nicht darauf verzichten, seine Unschuld oder
geringere Schuld darzuthun: er darf im Prozesse durchaus nicht
durch eine Unterlassung von Seite der zur Wahrheitserforschung
bestellten Organe an diesem unverzichtbaren Rechte verkürzt werden.

Dies kann in vielen Fällen nur durch die an den An=
geschuldigten gerichtete Frage nach dem Motive seiner Handlungs=
weise erreicht werden.

Das Reichsmilitärstrafgesetzbuch selbst verweist hierauf, indem
es in § 98 den Reiz als Strafmilderungsgrund anerkennt, wenn
es sich um Reate nach §§ 89 bis 97 (Achtungsverletzung, Un=
gehorsam, thätliches Vergreifen an einem Vorgesetzten) handelt und
wenn hiebei rechtswidrige Behandlung oder Mißbrauch der Dienst=
gewalt von Seite des Vorgesetzten in Frage steht.

Besonders sind es die Reate nach §§ 64 ff. (unerlaubte
Entfernung), 89, 91 (Achtungsverletzung, Beleidigung), 92, 94
(Ungehorsam, ausdrückliche Verweigerung des Gehorsams), welchen
zuweilen ein Akt des Mißbrauches der Dienstgewalt nach §§ 117,
118, 121, 122 des Militärstrafgesetzbuches (Verhängung unerlaubter
Strafen, strafweise Anwendung von körperlichen Uebungen, die
nur dem Zwecke der Ausbildung dienen sollen; Abhalten vor Be=
schwerden, Beleidigung, körperliche Mißhandlung während der
Uebungen) zu Grunde liegen kann.

Hiezu können noch Delikte nach § 147, verübt durch Verab=
säumung der Beaufsichtigung von Untergebenen oder Unterlassung
der Meldung oder Verfolgung strafbarer Handlungen Untergebener,
kommen.

Dieselben Erwägungen gelten für mehrere zum Militärbezirks=
gerichte gehörige Fälle: §§ 69 (Fahnenflucht), 95 (Ungehorsam
vor versammelter Mannschaft), 96 (Widersetzung), 97 (thätliches
Vergreifen), 103 (Meuterei), 106 (Aufruhr).

Solche Zwischenfälle, bedroht mit Gefängnis, Festungshaft,
Dienstentlassung, dürfen sich der Prozedur nicht entziehen; Willkür
ist sowohl hinsichtlich der Strafverfolgung, als der thatsächlichen
Unterlagen des Urteils ausgeschlossen.

Man hat auf diesen Umstand in allen Zeitaltern Bedacht
genommen; man formulierte ein bindendes System von Fragen,
um bei den Verhören die Wahrheit festzustellen, besonders war es

im vorigen Jahrhundert die Desertion, deren Beweggründen man nachforschte. Diese selbstverständliche Forderung des Prozesses stößt im Militärstrafverfahren auf Hindernisse, die, der Eigenart des Berufes entspringend, den bürgerlichen Normen fremd sind: die Abhängigkeit der mit dem Vorverfahren betrauten Organe, das Subordinations= bezw. Vorgesetzten= und Rangverhältnis.

Hiezu kommt, daß § 147 des Reichsmilitärstrafgesetzbuches sich nur auf Unterlassung der Meldung oder Verfolgung straf= barer Handlungen der „Untergebenen" des zur Meldung Ver= pflichteten, keineswegs aber der Vorgesetzten und der in höherem oder gleichem Range stehenden Personen bezieht.

Der Mangel dieser Verpflichtung durchbricht das Wesen des Prozesses in seinen wichtigsten Stadien; er müßte ausgeglichen werden durch Konstatierung der Frage nach den Beweggründen in den Verhörs= und Sitzungsprotokollen, in allen jenen oben aufgeführten Straffällen, bei denen eine ungesetzliche Einwirkung seitens Vorgesetzter denkbar ist. Sobald sich eine derartige, wenn auch nur disziplinär strafbare rechtswidrige Handlung ergibt, müßten die Akten sogleich dem Gerichtsherrn zur weiteren Ver= fügung eventuell nach Maßgabe § 147 des Reichsmilitärstrafgesetz= buches in Vorlage gebracht werden.

Entsprechend der Tendenz der Volksvertretung würde sich diese Maßregel zugleich als Repressivmittel gegen Uebergriffe be= währen (Reichstagsverhandl. 1891. 88. und 89. Sitzung).

Die Eidesformel soll den mit der Staatsanwaltschaft beauf= tragten Offizier, wie im preußischen Recht, mit dem Satze schützen: er dürfe sich durch kein Ansehen der Person von der Pflicht= erfüllung abhalten lassen. —

Das preußische Generalauditoriat hat am 24. September 1872 die wichtigsten Vorschriften über die Verwaltung der niederen Gerichtsbarkeit bei den Regimentsgerichten veröffentlicht; sie er= strecken sich auf das ganze Verfahren.

Dem Vertreter der Staatsanwaltschaft in Bayern stehen wohl die Erkenntnisse des Generalauditoriates zur Verfügung; nähere Anhaltspunkte für die Erfüllung seiner Pflichten findet er weder in der Militärstrafgerichtsordnung, noch in den hiezu er= lassenen Vollzugsvorschriften.

5. Hauptverfahren.

Es ist jenes Stadium, dessen vollständige Reform mit Rück= sicht auf Politik, Stand und Dienst vielleicht nur stufenweise vor sich geht, Verzögerungen, welche in der Rechtsentwicklung nicht selten sind.

Gefordert wird: Trennung der in der Person des preußischen Militärrichters vereinigten Thätigkeiten: Anklage, Verteidigung,

Urteilsfällung, ferner freie Beweiswürdigung, Mündlichkeit und Oeffentlichkeit der Hauptverhandlung.

Es folgen hier nur, unter Berücksichtigung der minder bekannten Praxis der bayerischen Militäruntergerichte, Erörterungen einzelner Momente in ihrer Bedeutung für die Reform:

a) Anklage.

Die Aufgabe des Vertreters der Staatsanwaltschaft besteht darin, bei Begründung der Anklage das öffentliche und militärische Interesse wahrzunehmen, durch seine Erfahrung als Laie das Urteil zu fordern.

Die Initiative des Laien führt nicht selten zu einer von der Ansicht des Auditeurs abweichenden Auffassung; durch die Praxis wird die Behauptung Hilses bestätigt: daß auch durch Verübung eines gemeinen Reates die besonderen Standespflichten, die Manneszucht, verletzt werden, und daß hierin der Anlaß zur Erhöhung der Strafe liege.

Den vom Gesetz beabsichtigten Erfolg hat der Antrag nur dann, wenn er aus selbständigen Erwägungen hervorgeht; er soll nicht vom Auditeur erfragt oder aus dem häufig schon im Entwurfe vorliegenden Urteile geschöpft werden; in diesem Falle ist der Einfluß des Laien verloren, die Sache ist nicht ausgetragen.

Eine Einrichtung, die nur zur scheinbaren Erfüllung der gesetzlichen Form dienen würde, müßte von der Reform zurückgewiesen werden.

b) Verteidigung.

Der allzu enge Anschluß an den gemeinen Strafprozeß kann Anlaß zur Schädigung der Disziplin werden. Art. 92 der bayerischen Militärstrafgerichtsordnung gibt dem Beschuldigten das Recht, sich einen Verteidiger zu wählen. (Art. 118 des St.P.G. vom Jahre 1848; § 137 der St.P.O. für das Deutsche Reich.)

Die Wahl, ein Akt der Willkür, macht den Vorgesetzten zum Mandatar des Untergebenen. Die Folgen dieses Systems für die Autorität des Vorgesetzten ergeben sich aus nachstehendem Falle: Der eines militärischen Vergehens Beschuldigte machte von der ihm zustehenden Befugnis, einen Vertheidiger zu wählen, Gebrauch. Die Wahl fiel auf den direkt vorgesetzten Kompagnieführer, der die Anzeige auf Diensteid erstattet hatte, dessen Rechtsgefühl gerade durch jenes Vergehen verletzt war, welches er nun in der Verteidigung abschwächen sollte. Die Verteidigung vor dem Untergerichte fand statt.

Ablehnungsgründe kennt die bayerische Militärstrafgerichtsordnung nicht; das Recht der Ablehnung müßte aus Art. 120, 123 des Strafprozeßgesetzes vom 10. November 1848 hergeleitet werden, wonach Anwälte sich der Verteidigung entschlagen können, wenn sie einen erheblichen Ablehnungsgrund nachzuweisen vermögen.

Artikel 92 der bayerischen Militärstrafgerichtsordnung gibt dem wegen Verbrechens Angeschuldigten ferner das Recht, die Aufstellung eines Verteidigers von Amts wegen zu erbitten (§§ 140, 144 der St.P.O. für b. D. Reich).

Die Bestellung durch den Gerichtsherrn auf Bitte des Beschuldigten, eventuell die Genehmigung der Wahl, entspricht dem Gesetze und der Disziplin. Direkt Vorgesetzte und jene, welche den Thatbericht eingereicht haben, müssen von der Verteidigung entbunden sein. — Die Entwicklung des bayerischen Militärstrafprozesses lehrt, daß die Verteidigungsbefugnis sich nur langsam zur vollen Unbeschränktheit ausbildet.

c) Mündlichkeit.

Eine der wichtigsten Forderungen ist der unmittelbare Verkehr zwischen Richter und Beschuldigten, eine mündliche Hauptverhandlung, sie garantiert den Rechtsschutz und ein wohlerwogenes Urteil. Im Gerichtssaal findet der Beschuldigte ein Asyl, in dem er unbeirrt von zwingenden Rücksichten die Sprache des Rechtes führen darf; hier läßt sich mit Sicherheit feststellen, ob die Dienstgewalt innerhalb der ihr angewiesenen Grenzen geblieben ist; kommt die Technik des Standes in Frage, so wird die Verständigung schnell und gründlich erzielt, während außerdem mancher Vorgang durch irrige Auffassung Unerfahrener verstümmelt vor die Richter gelangt. Schon die Mündlichkeit in Verbindung mit dem Schöffeninstitut wäre ein bedeutender Gewinn für die Militär-Justizpflege. Die Mündlichkeit war Jahrhunderte lang mit der Oeffentlichkeit verbunden.

d) Oeffentlichkeit.

Die Rückkehr zu dieser hängt von politischen Rücksichten ab.

Die Oeffentlichkeit verschwand im 17. Jahrhundert samt der Mündlichkeit aus dem Kriegsprozeß; das Standesbewußtsein war gestiegen, die Kluft zwischen Volk und Heer immer breiter geworden. Aus der Entwicklung des bayerischen Militärstrafprozesses ergibt sich, daß sie nur schwer wieder Eingang findet. Heute noch erheben sich in Bayern Stimmen von Fachmännern, welche nur für gemeine Delikte unbeschränkte Oeffentlichkeit, für Verhandlungen militärischer Reate im Frieden nur Militär-, bedingt Volksöffentlichkeit vorschlagen (Schultheiß, S. 34, 40).

Die Neigung des Heeres, den Urteilsspruch nur in Gegenwart von Standesgenossen zu empfangen, erklärt sich aus der Art des engbegrenzten Berufes, der in anderen Ständen keine Annäherungspunkte findet. —

Die Gefährdung der Disziplin durch die Oeffentlichkeit ist nur denkbar als Verletzung der Autorität des Vorgesetzten oder als Minderung des dem Beschuldigten anhaftenden Gefühles der Abhängigkeit, indem er von der Anwesenheit des Volkes Schutz gegen Willkür erwartet.

Viel schärfer als im gemeinen Strafprozeß tritt die Macht der Oeffentlichkeit im Militärstrafverfahren hervor; hier setzt sich das Auditorium vielfach aus Elementen zusammen, welche sich in Folge ihrer Dienstzeit über Thatsache und Recht ein selbständiges Urteil zu bilden vermögen; die Willkür muß einer sorgfältigen Abwägung weichen; die Oeffentlichkeit vor sachkundigem Publikum ist in der That ein Rechtsschutz für den Beschuldigten.

Die bayerische Militärstrafgerichtsordnung (Art. 137—139) verweigert die Oeffentlichkeit aus allgemein gesetzlichen Gründen und wegen besonderer militärischer Interessen.

Die Disziplin ist erfahrungsgemäß intakt geblieben; die Grundsätze des bayerischen Rechtes könnten daher ohne Bedenken von der Reform angenommen werden. Die Grundlagen für ein mündliches und öffentliches Verfahren sind in der preußischen Militärstrafgerichtsordnung bereits vorhanden; sie bedürfen nur des Ausbaues.

Der Volkswille begnügt sich im allgemeinen mit der Existenz der Oeffentlichkeit: in den Sitzungen der meisten bayerischen Untergerichte findet sich Jahre hindurch kein Zuhörer aus der Zivilbevölkerung ein; diese Erscheinung mag wohl auch ihre Erklärung finden in dem Mangel öffentlicher Bekanntmachung, ausreichender Räume und in der strengen Kontrolle der Passanten.

b) Rechtsmittel.

Willkür kann im Strafprozesse nicht bestehen; ihr Gebiet war stets das Strafrecht. Sie wucherte in der römischen Coercition; im alten deutschen Rechte waren die gegen Verbrechen der Kriegsleute gerichteten Strafen vielfach der Willkür der Herzoge überlassen (Laurentius II. § 1 ff.); in den Kriegsartikeln des 18. Jahrhunderts fand sich häufig der Satz: die Strafe ist willkürlich.

Im Kriegsprozeß erschien die Willkür mit Beginn des heimlichen und schriftlichen Verfahrens; sie trat bald in der milderen Form der Urteilsbestätigung auf, bald unterwarf sie sich die ganze Prozedur.

Nach der schwedischen Kriegsgerichtsordnung geschah die Bestätigung der kriegsgerichtlichen Urteile in peinlichen Sachen durch den Feldmarschall.

In der Reform kommt das Recht der Bestätigung — soweit es nicht der Krone vorbehalten ist — als Surrogat des Gesetzes, der Rechtsmittel in Frage; diese Einrichtung ist keine prozessuale, sondern eine disziplinäre; sie kann in dieser Form in das neue Strafverfahren nicht übergehen.

Im deutschen Kriegsprozeß hat stets nur die Gnade gewaltet; nur die positive Seite der Bestätigung, das Recht, die Strafe zu erlassen oder zu mildern, ist ein auf Delegation beruhendes beschränktes Gnadenrecht.

Nach Inhalt der militärischen Strafgesetze vom Jahre 1813 hatte auch in Bayern der Kommandierende das Recht, Urteile des Revisionsgerichtes zu bestätigen oder zu mildern.

Die größten Gegensätze herrschen in den schon früher aufgeführten Rechtsmittelsystemen; doch enthält keines die Berufung. Die Geschichte dieses Rechtsmittels ist folgende:

Im römischen Recht konnte Provokation gegen den Spruch des Feldherrn nicht eingelegt werden.

Im Kriegsprozeß des älteren deutschen Reiches fand die Urteilsschelte, welche sich im gemeinen Verfahren zur förmlichen Berufung ausbildete, keinen Eingang.

Im Inquisitionsprozeß war die Appellation wohl in bürgerlichen Sachen, nicht aber in peinlichen Fällen gestattet: die kriegsrechtlichen Urteile wurden behufs nochmaliger Prüfung höheren Ortes vorgelegt.

Nach der schwedischen und dänischen Kriegsgerichtsordnung trat an Stelle der Appellation die Bestätigung, eventuell Begnadigung durch den beim Heere anwesenden Landesherrn.

Im preußischen Recht besteht die Bestätigung seit Kurfürst Friedrich III., später König Friedrich I. (1688—1713).

Die bayerische Militärstrafgerichtsordnung hat die Berufung, wie sie die Strafprozeßgesetzgebung vom Jahre 1848 (Art. 60, 327—329, 356—358) dem Staatsanwalt und Beschuldigten zugesteht, nicht angenommen.

Wohl könnte sich das im preußischen Instanzengericht bestehende Rechtsmittel der „weiteren Verteidigung" nach Wegfall der Aktenvorlage behufs Bestätigung zur Berufung weiter bilden.

Doch dürfte diese in einem Verfahren, welches vorwiegend von Laien als Angehörigen desselben Standes, mit gleicher Gesinnung und Auffassung, durchgeführt wird, kaum einen Erfolg haben.

Zudem lassen militärische Reate mit einfachem Thatbestand, welche doch die Mehrzahl der Straffälle bilden, selten eine weitere Deutung zu.

Wird mit Erweiterung der Verteidigungsbefugnis die Berufung im Militär-Strafverfahren für entbehrlich erachtet, so muß doch das im preußischen und bayerischen Militärstrafprozeß bestehende Rechtsmittel der Nichtigkeitsbeschwerde wegen Verletzung wesentlicher Förmlichkeiten oder materieller Gesetzesbestimmungen aufrecht bleiben. Hiedurch wäre der Anschluß an die deutsche Strafprozeßordnung erreicht (§ 394).

Ferner muß dem Verurteilten freistehen, auf Restitution bezw. Wiederaufnahme des Verfahrens anzutragen, wenn er seine Unschuld durch neue Beweismittel darzuthun vermag oder wenn er auf Grund gefälschter Dokumente, Meineids von Zeugen verurteilt wurde.

§ 28. Verfahren im Felde.

Im Felde versagt ein an sich, zeitgemäßes Verfahren mit komplizierter Gerichtsverfassung und schleppenden Formen. Die Verhältnisse im Kriege zwingen zu Modifikationen. Die Bestellung des Gerichtes muß von Fall zu Fall geschehen. Das Prinzip der Mündlichkeit wird in vielen Fällen eingeschränkt werden durch Verlesungen von Aussagen toter, verwundeter, vermißter Zeugen.

Die Oeffentlichkeit ist hier von untergeordneter Bedeutung, weil in den meisten Fällen nicht ausführbar. Die Feldgerichte einer wohlgeschulten und disziplinierten Armee werden nur selten thätig sein müssen.

Wiederholte Belehrung über die Kriegsartikel und über die im Felde erhöhten Strafmaße, schärfste Handhabung der Disziplin, die erfahrungsgemäß schlechtere Elemente schon auf dem Marsche ins Feindesland zu lockern versuchen, werden weiteren Ausschreitungen vorbeugen.

Hier hat die Strafe den Zweck der Abschreckung.

Allen Lagen des Krieges paßt sich das standrechtliche Verfahren an.

Die Thätigkeit der Feldgerichte wird nur bei Belagerungen, während des Waffenstillstandes oder bei Okkupation feindlicher Gebietsteile möglich sein. Im Bewegungskriege handelt es sich zunächst um Feststellung des Thatbestandes durch den Untersuchungsrichter und durch den mit dem Vorverfahren betrauten Offizier. Die Zufälle des Krieges greifen auch hier ein; durch einen Brand, der anfangs Dezember 1870 in einer Ferme (Chartres) während der Nacht ausbrach und sich rapid verbreitete, wurden sämtliche Papiere eines Regimentes vernichtet.

Selbst dann, wenn die Bewegung der Armee durch Belagerung, ausgedehnten Beobachtungs- und Sicherungsdienst unterbrochen wird, darf die Schlagfertigkeit der Truppen nicht durch häufige und zahlreiche Entziehung von Führern gefährdet werden.

Nach den Erfahrungen des letzten Krieges nahm während der Belagerung von Paris die Thätigkeit der bayerischen Feldgerichte mit der Rückkehr der Bewohner in die verlassenen Ortschaften zu; als die Strenge der Justiz bekannt wurde, erwachte die Rachsucht, welche sich in häufigen Anzeigen kundgab. Offiziere in der Vorpostenstellung wurden während der Nacht abgelöst, um am nächsten Morgen als Verteidiger oder Dolmetscher bei dem mehrere Stunden rückwärts etablierten Gerichte eintreffen zu können.

Im Felde wird sich nur das für jeden einzelnen Fall aus den nächsten Truppenteilen zusammengesetzte Schöffengericht bewähren.

Von den Systemen zeichnet sich das preußische vor dem bayerischen durch leichte Handhabung im Felde aus.

Die bayerische Militärstrafgerichtsordnung hat keine besonderen Vorschriften über das Verfahren im Felde; es behält den großen Gerichtsapparat auch hier bei.

Im Falle der Mobilmachung werden für die Truppenkorps der mobilen Armee Feldgerichte gebildet (Art. 17). Die Bestimmungen hinsichtlich der Militärbezirksgerichte insbesondere in Bezug auf Zusammensetzung und Richterdienst finden auch auf die Feldgerichte gleichmäßige Anwendung (Art. 18, 48).

Im Felde kann die Beorderung der Offiziere zum Richterdienst für jeden einzelnen Fall aus den dem Feldgerichte zunächst befindlichen Truppenkörpern stattfinden (Art. 19, 81).

Wie sich die Ausführung der letzteren Bestimmung in Wirklichkeit gestaltet, ergibt sich aus dem oben angeführten Falle.

Das württembergische Strafverfahren hält ebenfalls im allgemeinen an den für den Frieden geltenden Normen fest.

Das preußische Recht hat die Verordnung vom 21. Juli 1867, betreffend die Regelung der Militärrechtspflege in Kriegszeiten.

Zur Untersuchung in Straffachen der höheren Gerichtsbarkeit wird nur ein Offizier kommandiert (§ 9).

Die Untersuchung muß möglichst beschleunigt werden (§ 10); wenn diese voraussichtlich keine Schwierigkeiten bietet, wenn sowohl der Angeschuldigte als die Beweismittel zur Hand sind, so kann der Gerichtsherr mit der Verfügung der Untersuchung die Anordnung des Spruchgerichtes verbinden; in diesen Fällen ist die ganze Untersuchungssache vor versammeltem Spruchgerichte zu verhandeln; hieran schließt sich die Verteidigung, welche auch mündlich vor dem Spruchgericht erfolgen kann, und die Aburteilung unmittelbar an (§ 10).

An die Stelle schriftlicher Referate tritt der mündliche Vortrag des Auditeurs (§ 11).

Oeffentlichkeit ist ausgeschlossen. —

Nach Beseitigung der förmlichen Untersuchung mit dem Institut der Beisitzer eignen sich vorstehende Bestimmungen im Anschlusse an die Einrichtung der Schöffen zur Aufnahme in die Reform.

Litteratur.

Beyer, jurisp. militaris. 1321, 1327, 1331, 1348. Reiterbestallung Kaiser Maximilian II. von 1570.

Becke, Berthold von der, Soldatenspiegel 1605.

Dillich, Wilhelm, eröffnete Kriegsschule, Frankfurt 1689.

Corpus juris milit. oder vollkommenes Kriegsrecht der hohen Potentaten in Europa, Frankfurt 1709.

Ludovici, Jakob Friedrich, Univ.-Professor, Einleitung zum Kriegsprozeß, Halle 1715. Dieser führt an:

> Doeffler, Dr., fürstl. braunschweig-lüneburgischer Generalauditor; Kriegsprozeß.

> Schwarze, Dr., Generalauditor, Anm. zum kgl. schwedischen Kriegsrecht.

> Schwendi, Frhr. von, Kaiserl. Rat und Generallieut., Kriegsdiskurs.

> Stieler, genannt Spate, brandenburg. Auditor, über das Amt des Auditors.

> Lobrinus, chursächs. Auditor, Anm. zu Schwendis Kriegsdiskurs.

> Flamizer, Generalauditor, Kriegsgerichts-Schultheißenspiegel.

> Lunig, in corpore jur. milit. Zusammenstellung der Kriegsartikel.

> Walmußi, de jure austriaco bellico, kaiserl. Kriegsartikel.

> Schottelius, de singularibus quibusdam in Germania juribus.

> Eneukel, de privil. milit.

> Hildebrand, dissert. de territorio clauso.

> Schroeter, disput. de auditoribus.

> Kriegsordnungen im Corpus jur. milit.: Karl Gustavs schwedische General- und Obergerichtsordnung; Christian IV. von Dänemark, Kriegsgerichtsinstruktion; Christian Albrechts schleswig-holsteinische Milit.-Gerichtsordnung. Königl. preuß. Reglem. des Militär-Konsistoriums.

Dissertationen:

Meinders, von den Centgerichten der alten Deutschen 1715.

Beck, de judic. statario, Jena 1727.

Franzi, de jurisprud. veteris German. Leipzig 1728.

Goebel, de praetore, quem auditorem vocant 1782.

Kreß, de variis jurisdict. criminalis in Germania generibus, Helmstadt 1735.

Boehmer, G. Ludw., de juribus ex statu militari Germanorum prudentibus, Göttingen 1749.

Brüß, de milit. foro delinquentis, Göttingen 1762.

Greilich, de compet. judic. ord. in puniendis delictis militum, Gießen 1762.

Schroeder, de jur. ex statu milit. Germ. pendent.

Mathaei, de criminalibus.

Myrer, de foro milit. delinquentis, Göttingen 1762.

Puffendorf, animadvers. juris.

Gerhardt, vom Kampf= und Kolbenrecht, Frankfurt und Leipzig 1735.

Heineccius, elementa juris germanici, tum veteris, tum hodierni, Halle 1736.

Bachter, glossarium germanicum, Leipzig 1727, 1737.

Engau, elementa juris german. civilis veteris atque hodierni, Jena 1737.

Hoffmann, observationes jur. germanici, Leipzig 1738.

Knorre, gründliche Anleitung zum Kriegsprozeß, Halle 1738.

Hauschild, Gerichtsverfassung der Deutschen vom 8. bis 14. Jahrhundert, Leipzig 1741.

Laurentius, Jurisdiktion über verbrecherische Soldaten, Gotha 1742.

Sammlung der Reichsabschiede, Frankfurt 1747.

Macson, Geschichte der Deutschen, Leipzig 1747, 1750.

Müller, Abhandlung von den Feldpriestern, Dresden und Leipzig 1750.

Kopp, historia juris, quo hodie in Germania utimur, Marburg 1750.

Laurentius, J. G., Abhandlung von den Kriegsgerichten der alten Deutschen, Gotha 1753.

Koch, allgem. europäisches Kriegsrecht, Tübingen 1777.

Müller, preuß. Kriegsrecht 1789.

Moser, Müller, Glaffey, Pütter, europ. Völkerrecht in Kriegszeiten.

Gnügen, Kriegsrecht.

Moser, conspect. jur. publ.

Quistorp, Grundsätze des deutschen peinlichen Rechtes.

Malblanc, conspect. rei judiciar.

Püttmann, comment. de foro militum extraordinario.

Bülows und Hagemanns praktische Erörterungen aus allen Teilen der Rechtsgelehrsamkeit.

Barthold, Georg von Frundsberg, Kriegshandwerk zur Zeit der Reformation, 1833; Geschichte der Kriegsverfassung und des Kriegswesens der Deutschen 1864.

Molitor, Kriegsgerichte und Militärstrafen, Wien 1855.

Damianitsch, Studien über das Militärstrafrecht, Wien 1861; österreich. Militärstrafgesetzbuch, Wien 1863.

Code pénal milit. par Gérard, Paris 1870.

Code de justice militaire 1870.

Entwurf einer Militärstrafprozeßordnung mit Motiven 1874.

Balzer, zur Geschichte des deutschen Kriegswesens von den letzten Karolingern bis Friedrich II. Straßburg, dissert. 1877.

Lentner, Recht im Kriege 1880.

Sundelin, Abhandl. in v. Holzendorffs Strafrechtszeitung.

Preußisches Recht.

Friccius, Dr., preuß. Gen.-Auditor, Geschichte des deutschen, insbesondere des preuß. Kriegsrechts. Entwurf eines deutschen Kriegsrechtes, Berlin 1848.

Hilse, Dr., Privatdozent, die leitenden Grundsätze eines deutschen Militär= strafverfahrens, Berlin 1868.

Keller, preuß. Gen.-Auditor. Aufgaben eines deutschen Militärstrafverfahrens, Berlin 1877.

Bothe, der preuß. Militär=Strafprozeß, 2. Aufl., Hannover 1878.

Dangelmaier, Geschichte des Militärstrafrechts, Berlin 1891.

Henseling, Anleitung zur Behandlung von Untersuchungssachen für unter= suchungsführende Offiziere, Hannover 1892.

Solms, Strafrecht und Strafprozeß für Heer und Marine, Berlin 1892.

Marck, Militärstrafprozeß in Deutschland und seine Reform, I. Bd., Berlin 1893.

Bayerisches Recht.

Kriegsartikel vom Jahre 1717, erneut in iisdem terminis im Jahre 1746; churpfalzbayerische vom Jahre 1779.

Instruktion für Militäruntersuchungen vom Jahre 1748.

Kreittmayr, Sammlung der churpfalzbayer. Generalien und Landes=Ver= ordnungen, München 1771.

Mayr, Sammlung der churpfalzbayer. allgem. und besond. Landesverord= nungen, München 1784—1799; neue Folge, München 1800—1802.

Moritz, Novellensammlung.

Münchener Intelligenzblatt zur Aufnahme und Veröffentlichung landesherrl. Verordng. seit 1799; im Jahre 1802 verwandelt in das Regierungsblatt.

Dienst- und Justizinstruktion vom 15. März 1804.

Neue militärische Gesetze vom Jahre 1813.

Dienstvorschriften für die bayerische Armee vom 17. November 1822, hinaus= gegeben 29. Juli 1823 (cap. 42—45), umgearbeitet von Auditor Stoeger, Landau 1862 (Privatbesitz).

Koppmann, Militärstrafgesetzgebung, München 1885.

Weigel, Dr., der bayerische Militärstrafprozeß, Nürnberg 1889.

Schultheiß, über Oeffentlichkeit im künftigen deutschen Mil.=St.=Prozeß, Würzburg 1893.